Das ultimative Probenbuch
Lesen
3. / 4. Klasse

W0211886

Dieses Buch gehört

____

Du schaffst den Sprung

Vorwort

Liebe Schülerin, lieber Schüler,

dieses Buch hilft dir speziell bei der Vorbereitung auf deine Leseproben in der 3. und 4. Klasse im Fach Deutsch. Zu Beginn geben wir dir ein paar nützliche Tipps, wie du eine Leseprobe am besten bearbeitest.
Anhand der von uns erstellten Leseproben, die dem Lehrplan plus angepasst sind und in Inhalt, Form und Umfang etwa dem entsprechen, was dich in deinen Klassenarbeiten erwartet, kannst du überprüfen, ob du den behandelten Stoff beherrschst. In der Regel hast du für die Leseproben 30 - 45 Minuten Zeit.

Unsere Übungsproben decken verschiedene Themen der 3. und 4. Klasse ab, sowohl im Bereich Deutsch (Fabeln, Märchen und Nacherzählungen), als auch in HSU (Müll, Strom, Fahrrad, Umweltschutz).

Im Anhang findest du zu jeder Probe eine Lösung mit ausführlichen Antworten, damit du deine Proben selbstständig kontrollieren kannst.

Wir wünschen dir viel Erfolg bei der Arbeit mit dieser Leseprobensammlung und für dein gesamtes Schuljahr.

Mandana Mandl Miriam Reichel

1. Auflage 2010
11. Auflage 07/2016
© Miriam Reichel, Mandana Mandl
Alle Rechte vorbehalten
Lektorat: Horst Reichel, Stuttgart; Claus Bergfried, München; Sandra Frey, Edling;
Hanna Kähning, München; Johanna Fangmaier, Inning;
Logogestaltung: Michael Reichel, www.m5art.de
Druck: omb2 Print GmbH, München
Kontakt/Email: kontakt@MaMis-Verlag.de Für Verbesserungsvorschläge sind wir immer offen!

www.MaMis-Verlag.de

Informatives:

Seit dem Schuljahr 2009/2010 müssen die Schulproben der vierten Klasse mindestens acht Tage im Voraus angekündigt werden. Die Anzahl der Proben pro Fach ist vom Kultusministerium festgelegt worden.

In dieser Reihe erhältlich:

3. Klasse:	Deutsch, Mathematik, Heimat- und Sachunterricht (HSU)
3. Klasse:	Deutsch-Leseprobenbuch
4. Klasse:	Deutsch, Mathematik, Heimat- und Sachunterricht (HSU)
4. Klasse:	Deutsch-Leseprobenbuch
5. Klasse:	Deutsch (alle Schulen), Mathematik (Gymnasium)
6. Klasse:	Deutsch, Mathematik (Gymnasium)
Sammelbände:	Deutsch Leseprobenbuch 3./4. Klasse Probenbuch Diktat und Aufsatz 3./4. Klasse Deutsch 5./6. Klasse (alle Schulen) Probenbuch Diktat und Aufsatz Unterstufe 5./6./7. Klasse (alle Schulen)

Ferienkalender für Bayern:

	2016	2017	2018
Fasching	08.02. - 12.02.	27.02. - 03.03.	12.02. - 16.02.
Ostern	21.03. - 01.04.	10.04. - 22.04.	26.03. - 07.04.
Sommer	30.07. - 12.09.	29.07. - 11.09.	30.07. - 10.09.
Herbst	31.10. - 04.11.	30.10. - 03.11	29.10. - 02.11
Weihnachten	24.12. - 05.01.	23.12. - 05.11.	22.12. - 05.11.

Ferienkalender für Baden-Württemberg:

	2016	2017	2018
Ostern	24.03. - 02.04.	10.04. - 21.04.	26.03. - 06.04.
Pfingsten	17.05. - 28.05.	06.06. - 16.06.	22.05. - 02.06.
Sommer	28.07. - 10.09.	27.07. - 09.09.	26.07. - 08.09.
Herbst	02.11. - 04.11.	30.10. - 03.11.	29.10. - 02.11.
Weihnachten	23.12. - 07.01.	22.12. - 05.01.	24.12. - 05.01.

Quelle: http://www.schulferien.org

INHALTSVERZEICHNIS

1 Allgemeine Informationen zum Thema Schule für Eltern

1.1 Leistungsstörungen

Unser Schulsystem kennt im Allgemeinen drei verschiedene Leistungsstörungen: ADS/ADHS (Aufmerksamkeitsdefizit / Hyperaktivitäts-Syndrom), Dyskalkulie und Legasthenie.

Die einzige in der Schule anerkannte Leistungsstörung ist die Legasthenie oder Lese- / Rechtschreibstörung.

Auch wenn die anderen Phänomene nicht anerkannt sind, sollte eine frühe Förderung bzw. Therapie ins Auge gefasst werden, bevor sich Probleme festsetzen und weitere Komplikationen entstehen.

1.2 Dyskalkulie

Bei der **Dyskalkulie**, also einer Entwicklungsverzögerung des mathematischen Denkens, handelt es sich um eine „beständige Minderleistung im Lernstoff des arithmetischen Grundlagenbereiches (Mächtigkeitsverständnis, Zahlenbegriff, Grundrechenarten, Dezimalsystem), wobei die Betroffenen mit ihrer subjektiven Logik in systematisierbarer Art und Weise Fehler machen, die auf begrifflichen Verinnerlichungsproblemen beruhen" (Wikipedia).

Zeichen für Dyskalkulie z. B. sind, wenn man den Eindruck bekommt, dass „Üben" nichts bringt, Zahlen vertauscht werden oder leichte Transferleistungen nicht nachvollziehbar für das Kind sind. Oft kann es auch passieren, dass das Kind am nächsten Tag vom „Eingeübten" nichts oder nicht mehr viel weiß. Viel Üben bringt in diesem Fall nicht großen Erfolg.

Die Kinder sollten ab der ersten Klasse unterstützt werden und dies auf jeden Fall, bevor der Zahlenraum 100 übersteigt. Oft können einfache Mittel große Erfolge erzielen und einen jahrelangen Leidensweg ersparen. Mittlerweile sind viele Psychologen für eine Dyskalkulie - Therapie ausgebildet. Hilfe findet man auch beim **Bundesverband Legasthenie und Dyskalkulie**.

© M. Reichel, M. Mandl, München 2016/17 - Jede Vervielfältigung ohne schriftliche Zustimmung ist unzulässig.

1.3 ADS / ADHS

Unter **ADS / ADHS** versteht man eine bereits im Kindesalter beginnende psychische Störung, die sich durch Probleme mit der Aufmerksamkeit sowie Impulsivität und häufig auch Hyperaktivität auszeichnet. Etwa drei bis zehn Prozent aller Kinder zeigen Symptome im Sinne eines ADHS-Syndroms. Jungen sind deutlich häufiger betroffen als Mädchen. Die Symptome können mit unterschiedlicher Ausprägung bis in das Erwachsenenalter hinein fortbestehen.

Das **ADS** oder **ADHS** führt, wenn es durch einen Psychologen bestätigt wird, nicht zu einer Notenerleichterung, kann aber ein gewisses Verständnis der Schule und Lehrer gegenüber dem Kind zur Folge haben.

Hier liegt eine erstaunliche Bandbreite an Therapien (aber kein Patentrezept) vor.

Oft können kognitive Therapien, Ergotherapien, Bewegung und viel Sport die Konzentration fördern. Neuerdings werden Erfolge durch Neurofeedback verzeichnet: Manche schwören auf homöopathische Behandlungen oder Ergotherapie, andere halten Fehlstellungen der Wirbelsäule (Hals) oder Probleme des Gleichgewichtssinns für ursächlich.

Eine Veränderung der Ernährung (phosphatfrei, basisch, zuckerfrei) wird oft als ein positiver Aspekt im „Krankheitsverlauf" angesehen. Lebensmittelallergien können ebenfalls ursächlich sein und deren Behandlung kann eine Konzentrationssteigerung nach sich ziehen.

Unstrittig ist nur, dass ADS/ADHS - Kinder einen äußerst **geregelten und ruhigen Tagesablauf** benötigen. Sie sollten nicht zusätzlich beschäftigt werden, damit sie ruhiger werden, denn dies kann die entgegengesetzte Wirkung nach sich ziehen. Ein gleichmäßiger, durchstrukturierter Tag mit viel Ordnung ist eine Grundvoraussetzung für die Verbesserung der Konzentration.

Elterntherapien und ein umfangreiches Wissen des Krankheitsbildes erleichtern den Umgang mit dem Kind.

Mittlerweile werden viele Kinder auch mit einer Pharmakotherapie behandelt. Hierbei sollte man bedenken, dass jede Wirkung auch unerwünschte Nebenwirkungen zeigt und daher nicht leichtfertig therapiert werden sollte. Bekannte Ritalin Nebenwirkungen sind Gewichtsverlust, Depressionen oder bipolare Störungen und vieles mehr. Diese Behandlungsweise kann zu Abhängigkeiten usw. führen. Zu diesem Thema gibt es zahlreiche interessante Studien, die den Umfang hier sprengen würden. (siehe Bücherliste, Seite 11)

© M. Reichel, M. Mandl, München 2016/17 - Jede Vervielfältigung ohne schriftliche Zustimmung ist unzulässig.

1.4 Legasthenie

Die **Legasthenie** oder Lese / Rechtschreibschwäche (LRS) wird als pathologisch in der Schule anerkannt, sofern es sich um eine **Störung** und nicht nur um eine **Schwäche** handelt.

„Unter **Legasthenie** versteht man eine massive und lang andauernde Störung des Erwerbs der Schriftsprache" (Wikipedia, Verband für Legasthenie).

Legastheniker haben Probleme bei der Umsetzung der gesprochenen zur geschriebenen Sprache und umgekehrt. Als Ursache werden eine genetische Disposition, Probleme bei der auditiven und visuellen Wahrnehmungs-verarbeitung, der Verarbeitung der Sprache und vor allem bei der phono-logischen Bewusstheit angenommen.

Die Störung tritt isoliert und erwartungswidrig auf, d. h. die schriftsprachlichen Probleme entstehen, ohne dass es eine plausible Erklärung (wie z. B. eine generelle Minderbegabung oder schlechte Beschulung) gibt.

Je nachdem, ob der Betroffene eine auditive oder aber visuelle Form der Legasthenie hat (auch beides ist möglich), unterscheiden sich die Therapien.

Bei der auditiven Legasthenie kann schon viel durch eine deutliche Sprache erreicht werden, damit der Legastheniker die Endungen der Wörter hören bzw. verschriften kann. Silben klatschen oder abschreiten sind gute Möglichkeiten, eine Bewusstheit zu schaffen. Logopäden können eine deutliche Sprache des Kindes einüben, damit es in seinem inneren Ohr ein klares und eindeutiges Wort hört, welches dann leichter zu verschriften wäre.

Bei der visuellen Form der Legasthenie bewegt sich das Schriftbild vor dem inneren Auge des Legasthenikers konstant. Dadurch kommt es oft zu Phänomen wie dem „verlieren" der Zeile oder des Wortes (aus R_O_T, kann z. B. sowohl T_O_R, als auch O_R_T werden, je nachdem, wie sich die Buchstaben bewegen). Dies führt zu einer allgemeinen Desorientierung.

Aus diesem Grund können Legastheniker auch Probleme in der Mathematik oder Geometrie bekommen. Zeichnungen sind selten exakt und Zahlen können leicht vertauscht werden. So kann es manchmal einem reinen Glücksspiel gleichkommen, ob das Kind 45 oder 54 schreibt, auch wenn es weiß, was es eigentlich schreiben möchte. Das muss kein Anzeichen für das Vorliegen einer Dyskalkulie sein. Vielmehr gehen manche Wissenschaftler davon aus, dass Legasthenie, Dyskalkulie, ADHS und Dysgraphie (Unfähigkeit Wörter und Texte zu schreiben, trotz intakter Handmotorik und Intelligenz) oft denselben Ursprung haben, nämlich eine allgemeine Desorientierung. Wird die Konzentration durch Therapienwieder auf einen Punkt gebündelt, so verbessern sich alle Phänomene gleichermaßen. Die Legasthenie hat auf keinen Fall etwas mit Dummheit zu tun, auch wenn dieser Gedanke immer noch existiert.

© M. Reichel, M. Mandl, München 2016/17 - Jede Vervielfältigung ohne schriftliche Zustimmung ist unzulässig.

Oftmals kann eine Legasthenie mit einer besonders ausgeprägten Begabung einhergehen, z. B. in Intelligenzbereichen, in künstlerischer Form, räumlichem Denken oder in der Geschwindigkeit der Wissensaufnahme. Manche Forscher sprechen davon, dass Legastheniker über eine schnellere Denkweise verfügen als Nicht - Legastheniker, da sie in Bildern und nicht in Worten denken, zumindest bis zu einem bestimmten Alter. Danach wird oft auf beide Arten gedacht (also in Wort und/oder Bild, Theorie von Davis, siehe Anhang).

Der Bundesverband für Legasthenie geht davon aus, dass 4 % aller Schüler betroffen sind. Ein großer Prozentsatz dieser Kinder ist überdurchschnittlich begabt.

Bei einer frühen Förderung, durch anerkannte Legasthenie-Therapeuten kann es zu einer Leistungssteigerung kommen. In jedem Fall wird das Thema Schreiben von einer „neutralen" Seite betrachtet und bearbeitet und nicht nur -oft emotional- von den Eltern korrigiert. Beim eigenen Kind fällt es schwer, nach jahrelangem Üben noch Verständnis für Fehler aufzubringen, die bereits tausendfach verbessert wurden. Therapeuten stehen außen vor und haben gelernt damit umzugehen.

Im Laufe der jugendlichen Entwicklung geschehen oft massive Entwicklungsschübe, auch in Form der Verbesserung der Rechtschreibleistungen und des Leseverständnisses. Voraussetzung dafür sind allerdings eine konstante Auseinandersetzung mit der Sprache und ständige Förderung.

Seit 1999 gibt es in Bayern, als erstem Bundesland, den „Legasthenieerlass", der es legasthenen Kindern ermöglicht, einen höheren Bildungsweg einzuschlagen.

Hierbei wird Schülern mit diagnostizierter Legasthenie Zeitzuschläge von bis zu 50 % gewährt. Auf eine Benotung der Rechtschreibleistung wird verzichtet.

Den Lehrern wird empfohlen, von legasthenen Kindern häufiger die mündlichen Leistungen zu bewerten, um die fehlenden Noten (z. B. von Diktaten oder Leseproben) auszugleichen. Es kann auch pädagogisch sinnvoll sein, bei Diktaten dem Legastheniker einen angemessenen Fehlersprung zu gewähren. Leider sind nicht immer alle Grundschulen dazu bereit, es sei denn, sie kennen sich in diesem Bereich gut aus und gehen progressiv vor.

In der **Grundschule** bedeutet der Legasthenieerlass:

Keine Noten auf Diktate, je nach Form der Störung auch keine Benotung von Leseproben.

© M. Reichel, M. Mandl, München 2016/17 - Jede Vervielfältigung ohne schriftliche Zustimmung ist unzulässig.

In der Grammatik kann auf die Bewertung der Groß- und Kleinschreibung verzichtet werden, mit der Konsequenz, dass ein Legastheniker z. B. auch ein Nomen klein schreiben kann und trotzdem behaupten darf, dass es ein Namenwort ist.

Im **Gymnasium** werden die Fremdsprachen – je nach Gutachten – mündlich und schriftlich 1:1 bewertet, d. h. jede **geschriebene** Note (Schulaufgabe, EX, Kurzarbeit) steht zu jeder **mündlichen** (also gesprochenen! hierzu zählt keine EX, die normalerweise als mündliche Note berechnet wird) Note (Ausfragen, Referat, Mitarbeit) im Verhältnis 1:1.

Strittig ist die Bewertung der Interpunktion. Im Gymnasium wird sie nicht bewertet, in der Grundschule hängt es von der Handhabung des Lehrers ab. Hier sollte man sich in Streitfällen an das Kultusministerium wenden. Oft wird die Interpunktion der Rechtsschreibung zugeordnet (und damit nicht bewertet), außer es wird eindeutig in der Grammatikfrage gefordert, bzw. speziell geübt, wie z. B. wörtliche Rede, oder „notiere das richtige Satzzeichen am Ende des Satzes". Kommata sollten aber nicht bewertet werden, auch nicht automatisch fehlende Punkte am Satzende.

Vor allem für den Übertritt und die weiterführenden Schulen empfiehlt es sich, ein psychologisches Gutachten erstellen zu lassen.

Dieses erfolgt durch einen Psychologen und beinhaltet ein Diktat, Lesen (Wortgenauigkeit und gelesene Wörter pro Zeiteinheit), ferner einen Intelligenztest, der ausschließen soll, dass das Kind lediglich aufgrund einer Minderbegabung nicht lesen und schreiben kann, sowie eine psychologische Untersuchung, die wiederum ausschließen soll, dass andere Ursachen zu Grunde liegen.

Das Gutachten des Psychologen wird dann an den Schulpsychologen weitergeleitet, der wiederum den Nachteilerlass nach seinem Ermessen ausstellt und diesen an die Schule weitergibt. Erst dann ist das Kind von der Benotung befreit.

Tipp: Klären Sie vorher die Kosten des Gutachtens (= Zusammenfassung des Ergebnisses der Testung). Krankenkassen sind zur Übernahme des Gutachtens nicht verpflichtet, zahlen aber meist die Testung. Schulen oder städtische Schulberatungen bieten oft kostenlose Testungen an.

Manche Psychologen erstellen, gleich nach dem Rechtschreibtest, mit dem sie beginnen, ein erstes Kurzergebnis, sodass bei einem erfolgreichen Rechtschreibtest (mit zu wenigen Fehlern für einen Legastheniker) auf weitere Tests und Kosten verzichtet werden kann.

© M. Reichel, M. Mandl, München 2016/17 - Jede Vervielfältigung ohne schriftliche Zustimmung ist unzulässig.

Sollte die Legasthenie positiv getestet worden sein, so entfällt ab diesem Zeitpunkt die Bewertung der Rechtschreibung und das Zeugnis bekommt folgende Zusatzbewertung:

„Aufgrund einer fachärztlich festgestellten Legasthenie wurden (Lese- und) Rechtschreibleistungen nicht bewertet."

Es steht dem Schüler /Schülerin bzw. den Eltern aber jederzeit frei, die Nichtbewertung wieder aufzuheben. Sollte man nicht wollen, dass im Abiturzeugnis steht, dass man Legastheniker ist, muss man bereits in der Oberstufe auf eine fehlende Bewertung der Rechtschreibung und Leseleistung verzichten. Im G8 also ab der Qualifikationsstufe Q 11.

Förderungsmöglichkeiten, Adressen von Therapeuten und andere Tipps finden sich beim Verband für Legasthenie und Dyskalkulie (info@legasthenie-bayern.de, www.dyslexia.com, www.legasthenieverband.org) oder wenden Sie sich direkt an mich: miriamreichel@schulproben-bayern.de.

1.5 Buchtipps zu obigen Themen

- „Legasthenie als Talentsignal: Das Praxisbuch" von **Ronald D. Davis**
- „Legasthenie und andere Wahrnehmungsstörungen: Wie Eltern und Lehrer Risiken frühzeitig erkennen und helfen können" von **Mechthild Firnhaber**
- „Die unerkannten Lerngenies: Mit der Davis-Methode Lernstörungen beheben" von **Ronald D. Davis**
- „Legasthenie und Dyskalkulie" von Prof. Dr. **Gerd Schulte-Körne**
- „Trotz Schule lernen" von **Vera F. Birkenbihl**
- „Hilfe bei ADS (ADHS): Die neue, sanfte Nährstofftherapie. Für Zappelphilipp-Kinder und kleine Träumer" von **Dr. Georg Keller, Marie-Therese Zierau**
- „Mit Montessori Legasthenie behandeln" von **Nina Hellwig**
- „Ratgeber Legasthenie. Frühzeitig erkennen. Richtig reagieren. Gezielt behandeln." Von Prof. Dr. **Gerd Schulte-Körne**

© M. Reichel, M. Mandl, München 2016/17 - Jede Vervielfältigung ohne schriftliche Zustimmung ist unzulässig.

2 Tipps zur Bearbeitung von Leseproben

Im Deutschunterricht geht es ab der 3. Klasse weniger um die Lesetechnik als vielmehr darum, ob ein Kind den Inhalt eines Textes erfassen und richtig wiedergeben kann. Einen Text zu verstehen, ist wichtig und dafür brauchen Kinder Zeit, Übung und Ruhe.

Grundvoraussetzung für ein gutes Textverständnis ist flüssiges Lesen. Die Augen erfassen mehrere Wörter auf einen Blick, während sie über die Zeilen gleiten. Hierbei hilft natürlich ein guter Wortschatz. Je größer der Wortschatz, desto mehr bekannte Wörter springen gleich ins Auge und werden dann problemlos erfasst.

Die Weiterführung des reinen Lesens ist das sinnentnehmende Lesen: Hierbei stellt das Gehirn eine Verbindung zwischen den gelesenen Wörtern her und entschlüsselt den Sinn der Sätze. Es gibt Wörter, deren Eindeutigkeit ausschließlich erst aus dem Satzzusammenhang klar wird:

z. B. **Pflaster**

- Clara möchte nicht barfuß laufen, da das **Pflaster** im Sommer sehr heiß ist.
- Mama klebt ein **Pflaster** auf Claras Wunde.

Bei „Pflaster" denkt ein Pflasterer vielleicht immer zuerst an das Straßenpflaster, eine Krankenschwester eher an ein Heftpflaster. Eindeutig wird also das Wort nur im Zusammenhang eines Satzes.

© M. Reichel, M. Mandl, München 2016/17 - Jede Vervielfältigung ohne schriftliche Zustimmung ist unzulässig.

Wörter mit mehreren Bedeutungen nennt man Homonyme. Damit das Thema klarer wird, noch ein paar Beispiele:

Schlange	1) das Tier  2) die Menschenschlange vor der Bäckerei
Kiefer	1) der Knochen im Gesicht 2) der Baum
Drachen	1) der Lenkdrachen 2) das Tier
Pflaster	1) das Straßenpflaster 2) das Heftpflaster 
Herz	1) gemaltes  2) das Organ
Spritze	1) am Wasserschlauch, der Feuerwehrschlauch 2) des Arztes 
Schuppen	1) die Fischschuppen 2) die Gartenhütte / - haus Schuppen im Haar
Nagel	1) in der Wand 2) der Fingernagel
Krone	1) die Baumkrone 2) die Krone des Königs  3) die Aufziehschraube an der Uhr
Decke	1) die Decke des Zimmers 2) die Bettdecke, Wolldecke
Fliege	1) das Insekt 2) das Kleidungsstück 

© M. Reichel, M. Mandl, München 2016/17 - Jede Vervielfältigung ohne schriftliche Zustimmung ist unzulässig.

Beim Leseverständnis sind natürlich auch Grammatikkenntnisse gefragt. Erst, wenn alle Informationen im Gehirn gesammelt, ausgewertet und verarbeitet sind, ist das Lernziel „Leseverständnis" erreicht.

Unterstützen können Eltern ihre Kinder am besten mit Geduld: Kinder sollten viel und ungestört lesen können, auch vorlesen ist in jeder Altersstufe geboten. Das Lesetempo steigert sich mit der Zeit wie von selbst. Mit jedem neuen Wort und jeder bekannten Redewendung erweitert sich das Textverständnis. Kennt ein Kind eine Redewendung nicht, so kann es den Sinn nur aus dem Zusammenhang erfassen. Aus diesem Grund sollten sie Fragen zulassen. Wenn Sie z. B. ihrem Kind vorlesen und sich selbst nicht sicher sind, ob ihr Kind eine schwierige Passage oder Redewendung verstanden hat, fragen Sie nach.

Am liebsten liest jeder Mensch natürlich über Themen, die ihn auch interessieren, weshalb Kinder ihren Lesestoff zu Hause selbst wählen sollten - egal, ob es der Sportteil der Tageszeitung ist, ein Buch zur Lieblingsserie oder ein Sachtext über Flugzeuge. Wichtig ist jedoch das Sprachniveau: zu schwierige Texte überfordern, zu einfache langweilen.

In der Grundschule wird in Leseproben häufig die Nähe zum Text erwartet. Wird nach einer Textstelle gefragt, so ist diese möglichst wortgetreu und fehlerfrei wiederzugeben. In manchen (wenigen) Schulen werden auch Rechtschreibfehler gewertet, da die Lehrer davon ausgehen, dass es sich um eine Abschreibtechnik handelt und diese sollte das Kind beherrschen. Aus unserer Sicht ist dies nicht ganz richtig, da bei Leseproben das Leseverständnis abgefragt und bewertet werden sollte. Die Rechtschreibung wird in separaten Proben geprüft und bewertet. Warum sollte ein Kind, das vielleicht Schwierigkeiten in der Rechtschreibung hat, auch noch auf Grund dieser Tatsache schlechtere Noten in Leseproben erhalten, obwohl es sinnentnehmend lesen und einen Text gut wiedergeben kann?

© M. Reichel, M. Mandl, München 2016/17 - Jede Vervielfältigung ohne schriftliche Zustimmung ist unzulässig.

3 Leseproben

3.1 Leseprobe - Der kluge Philosoph

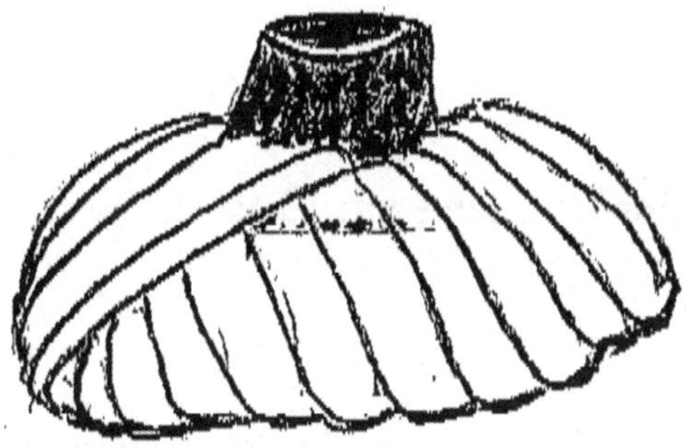

Der kluge Philosoph

„Ich habe in meiner goldenen Voliere einen Lieblings-Papagei", sagte der tyrannische Kalif zu seinem Philosophen, „kannst du ihm den Homer lehren? Das Tier soll ihn auswendig lernen!".
„Oh, ewige Majestät, dafür bedarf es viel Geduld. Aber die Geduld ist eine der edelsten Gaben; im Namen Allahs, des Barmherzigen, ich will es versuchen."

„Es soll dein Schaden nicht sein!"
„Majestät, erlauben Sie mir jedoch eine Bedingung."
„Nenne sie!"
„Ich brauche dazu zehn Jahre."
„Die seien dir gewährt. Aber hüte dich; sollte es dir misslingen, so musst du sterben!"
„Im Namen Allahs, ich bin bereit, Euer Majestät!"

Als die Freunde des Weisen von diesem tödlichen Handel erfuhren, waren sie entsetzt: „Wie konntest du so leichtfertig sein, ein solches Versprechen zu geben?"
„Gemach", lächelte der Weise, „in zehn Jahren ist entweder der Tyrann, ich selbst oder der Vogel gestorben, so wahr Allah unser ewiger Herr ist!"

Text: Miriam Reichel 2016

© M. Reichel, M. Mandl, München 2016/17 - Jede Vervielfältigung ohne schriftliche Zustimmung ist unzulässig.

Fragen zum Text:

1) Der Text beinhaltet einige schwierige Wörter, die du aber durch den Inhalt des Textes herausfinden kannst. Kreuze an, was richtig ist! Was ist ein Tyrann? ○ ein sehr freundlicher und hilfsbereiter Mensch ○ eine Vogelart ○ ein herrschsüchtiger Mensch, der seine Ziele um jeden Preis verfolgt ○ ein Mensch, der ein Volk regiert ○ eine Art Philosophie	1
2) Ein weiteres schwieriges Wort, das du aber sicherlich kennst, ist eine Majestät. Wer oder was ist das? ○ eine Vogelart ○ eine Art Vogelkäfig ○ ein König und Herrscher ○ ein Schüler eines Philosophen	1
3) Ein weiteres Fremdwort im Text ist eine Voliere. Was ist das? ○ der Herrscher des Landes ○ der Philosoph des Landes ○ der Vogelkäfig des Papageis ○ eine Art Papagei	1
4) Was soll der Vogel nach Wunsch des Kalifen erlernen? ______________________________________	1
5) Um was für eine Aufgabe handelt es sich dabei? Kreuze an, was du denkst, was richtig ist! ○ Der Vogel soll einen Tanz erlernen. ○ Der Vogel soll ein kurzes, einfaches Gedicht erlernen. ○ Der Vogel soll einen langen, schwierigen Text lernen.	1

© M. Reichel, M. Mandl, München 2016/17 - Jede Vervielfältigung ohne schriftliche Zustimmung ist unzulässig.

6) Was wäre nach Ansicht des Philosophen die edelste Aufgabe? ___	1
7) Wie viel Zeit möchte der Philosoph zur Erfüllung der Aufgabe zur Verfügung haben? ___ ___	1
8) Was droht man ihm an, falls der Vogel Homer in dieser Zeit nicht erlernen sollte? ___ ___	1
9) Wie reagieren die Freunde des Philosophen darauf, dass er diese Aufgabe angenommen hat? ___ ___ ___	1
10) Warum hat der Philosoph aber keine Bedenken? ___ ___ ___	1

Von 10 Punkten hast du _____ erreicht.

© M. Reichel, M. Mandl, München 2016/17 - Jede Vervielfältigung ohne schriftliche Zustimmung ist unzulässig.

3.2 Leseprobe – Der tanzende Bär

Der tanzende Bär

Meine Eltern flogen mit mir und meinem großen Bruder Paul in diesem Jahr in den Sommerferien in die Türkei. An einem sonnigen Ferientag saßen wir in einem wunderschönen Strandcafé. Wir aßen gerade köstlichen Käse und leckere Früchte, als wir plötzlich durch großen Lärm in unserem Gespräch gestört wurden.

Ich fragte meine Mama: „Darf ich mal sehen, was da los ist?"

„Ja, geh nur, aber bleib bitte in Sichtweite, Nina", antwortete Mama. Ich lief sofort los zu der Menschenmenge. Schon stand auch Paul auf und meinte, „ich begleite sie und pass auch auf sie auf."

Mitten am Strand stand ein alter Mann, mit vollem, grauen Haar und einem riesigen Schnauzbart - neben einem großen Käfig auf Rollen. Mit sich führte er einen riesengroßen Braunbären an einer langen, hässlichen Metallkette. Der Bär tanzte und die Leute klatschten. Das sah wirklich sehr lustig aus und auch ich musste schmunzeln.

© M. Reichel, M. Mandl, München 2016/17 - Jede Vervielfältigung ohne schriftliche Zustimmung ist unzulässig.

Irgendwann nahm Paul meine Hand und sagte: „Komm lass uns zurückgehen, nicht dass sich Mama und Papa Sorgen machen!"
Zurück am Tisch erzählte ich begeistert, was wir gesehen hatten. Mama war empört und schimpfte gleich los: „Das ist ja unerhört. Stell dir mal vor, du müsstest bei 40 Grad mit einem Pelzmantel herumlaufen und auch noch tanzen!" Während sie sich weiter aufregte, mischte sich Paul ein: „Ist ja gut Mama, Nina kann doch gar nichts dafür!" Mama holte tief Luft und meinte: „Du hast Recht, Paul. Es tut mir leid, Nina, aber ich möchte, dass ihr versteht, dass das Tierquälerei ist, auch wenn die Leute rundherum klatschen, das Tier lebt in unwürdigen Verhältnissen und muss wirklich leiden! Ein Bär gehört nicht angekettet in einen Käfig, sondern sollte artgerecht in Freiheit leben dürfen."
Ich wurde traurig und mir kullerten Tränen über die Wangen. Mama nahm mich in die Arme und tröstete mich.
Wenig später gingen wir zurück in unsere Hotelanlage, wo gerade der Rasen gemäht wurde und die Raben laut krähten. Nach dem Abendessen las Papa uns ein schauriges Märchen vor, das von einem Zauberer, einem Tiger und einer Säge handelte. Trotzdem die Geschichte sehr spannend war, dauerte es nicht lange und ich schlief tief und fest.

(Nina 9 Jahre)

© M. Reichel, M. Mandl, München 2016/17 - Jede Vervielfältigung ohne schriftliche Zustimmung ist unzulässig.

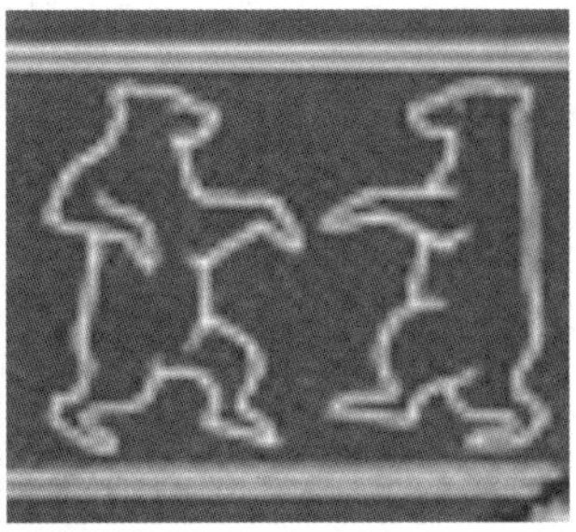

Fragen zu: Der tanzende Bär:

Beantworte alle Fragen in **ganzen** Sätzen.

1) Überlege dir eine neue Überschrift: ____________________ ____________________	2
2) Unterstreiche alle Adjektive grün.	10
3) Schreibe alle Wörter zum Wortfeld „sagen" auf, die du im Text findest: ____________________ ____________________ ____________________ ____________________	7
4) Wobei war die Familie gerade, als Ninas Aufmerksamkeit durch Lärm angezogen wurde? ____________________ ____________________ ____________________ ____________________	3

© M. Reichel, M. Mandl, München 2016/17 - Jede Vervielfältigung ohne schriftliche Zustimmung ist unzulässig.

5) Weshalb ist die Mutter so empört über die Geschichte ihrer Tochter?	5
6) Hat die Mutter deiner Meinung nach Recht? Wie stehst du dazu? Schreibe deine eigene Meinung auf.	3

Viel Erfolg!

Von 30 Punkten hast du ______ erreicht.

© M. Reichel, M. Mandl, München 2016/17 - Jede Vervielfältigung ohne schriftliche Zustimmung ist unzulässig.

3.3 Leseprobe – Wie unheimlich!

Wie unheimlich!

„Schlaf gut, meine Maus! Und wie gesagt, kein Fernsehen mehr!". Auch der Vater verabschiedete sich von seiner neunjährigen Tochter Petra. Gemeinsam mit seiner Frau, Petras Mutter, war er mit Freunden verabredet, um einen Geburtstag zu feiern. Es würde heute Nacht später werden, aber Petra war ja bereits neun Jahre alt, da durften die Eltern auch einmal länger wegbleiben.
Doch es war noch früh, erst 19.30 Uhr. Der Vater wollte nicht, dass Petra später noch fernsehen würde.

„Schatz", sagte der Vater, „du kannst noch bis 20.30 Uhr im Bett lesen. Dann machst du bitte das Licht aus. Und, sollte es an der Tür läuten, dann machst du bitte nicht auf. Öffne niemandem die Tür!"
„Ja, ja klar. Weiß ich doch!", antwortete Petra.

Kaum hörte sie, wie die Eltern die Tür absperrten, überlegte sie, was sie tun sollte. Falls die Eltern zurückkehrten, da sie etwas vergessen hatten, war es wohl am besten, sie würde erst einmal das machen, was man ihr gesagt hatte. Also zog sie sich einen Schlafanzug an, putzte sich die Zähne, und legte sich auf ihr Bett, um einen Comic zu lesen. Der Comic war allerdings sehr lustig und, eh sie sich versah, war sie mit dem Buch fertig.
„Oh, schon halb elf, das ging aber schnell!", rief sie aus. „Und was nun?". Schlafen kam schon einmal nicht in Frage. Ihre Eltern waren so selten weg, da musste sie den Abend doch sinnvoll nutzen - und was gäbe es Sinnvolleres als etwas Verbotenes? Schade, dass es keine Cola gab, aber Orangensaft und Chips waren schon mal ein Anfang! Somit machte sie sich auf den Weg zum Fernsehgerät. Sie warf sich in den Fernsehsessel, machte einen Schneidersitz und nahm die Fernbedienung in die Hand.

Endlich konnte sie einmal in aller Ruhe von einem Sender zum anderen schalten. Ihre Mutter hasste das. Nach ihr, nahm man sich die Fernsehzeitung, überlegte, was man sehen wollte, und schaltete dann gleich das richtige Programm ein. Wie langweilig war das denn!

© M. Reichel, M. Mandl, München 2016/17 - Jede Vervielfältigung ohne schriftliche Zustimmung ist unzulässig.

Sie hatte Glück, denn nach kurzer Zeit begann ein Krimi. „Tatort", sah ihre Mutter oft und schickte sie immer ins Bett. Als könnte sie so etwas nicht ansehen! Gut, der Mann, der das Schloss einer Tür aufbrach, sah etwas düster aus, aber sie war ja auch kein Baby mehr! Nun öffnete er die Tür, und schlich geräuschlos durch ein Haus und vorsichtig auf ein Zimmer zu, in dem eine Frau im Sessel vor dem Fernseher saß und Chips aß. Petra wurde es plötzlich ganz anders zumute. Sie hörte sofort auf, Chips zu essen. Die junge Frau im Fernsehen hörte den Mann sicherlich nicht, weil ihre Chips so laut knacksten. Petras Herz begann schneller zu schlagen und sie hatte das Gefühl, als könnte sie jede Haarwurzel spüren.

Der Mann aber schlich weiter und kam von hinten auf die ahnungslose Frau zu, die unbekümmert fernsah. Petra schrie: „Vorsicht!", aber sie konnte es nicht verhindern, dass der Mann die Frau packte und würgte.

„Oh Gott, nein!", schrie sie, und machte schnell den Fernseher aus und versteckte sich hinter dem Vorhang. Erst musste sie den Raum überprüfen, nicht dass irgendwo jemand stand! Sie wartete eine Weile und versuchte so leise wie möglich zu atmen. Als sie sich gewiss war, dass sie niemanden gehört oder gesehen hatte, rannte sie in ihr Zimmer, sprang ins Bett und zog schnell die Bettdecke über sich. Ihr Herz klopfte so laut, dass sie Angst hatte, dass sie jeder hören konnte. Vorsichtig schaute sie unter der Decke hervor um sich davon zu überzeugen, dass sich niemand in ihrem Zimmer befand. Hinter dem Fenster bewegte sich etwas! Sie traute sich kaum zu atmen. Ihre Hand umkrallte die Bettdecke, hatte sie nicht etwas gehört? Irgendetwas kratzte doch da an der Haustür? Und hinter dem Fenster hatte sich etwas bewegt! Wirklich! War da nicht eine Hand? Oh, mein Gott! Sie zog ihren Kopf wieder unter die Bettdecke und horchte angestrengt in die Dunkelheit.
Plötzlich hatte sie das Gefühl, dass ihre Zimmertüre aufging, zumindest hörte es sich so an. Nun konnte sie Schritte hören, da war sie sich ganz sicher und auf einmal spürte sie eine Hand! Sie schrie aus Leibeskräften und schlug um sich. Das Licht ging an und jemand zog ihre Decke weg. Sie schloss die Augen und schrie so laut sie konnte. Durch den ganzen Radau, den sie machte, konnte sie eine Stimme erkennen: „Petra, du hast nur geträumt, alles ist gut!" Sie öffnete ihre Augen und sah ihre verwunderte Mutter. „Du hast doch nie Angst, mein Kind! Was ist denn passiert?"

Text: Miriam Reichel 2016

© M. Reichel, M. Mandl, München 2016/17 - Jede Vervielfältigung ohne schriftliche Zustimmung ist unzulässig.

Fragen zum Text:
Antworte in vollständigen Sätzen!

1) Petras Eltern gingen am Abend aus und verbaten Petra zwei Dinge. Welche?	2
2) Welche Art von Buch hat Petra gelesen und wo las sie es?	2
3) Nachdem Petra gelesen hat, möchte sie den Abend sinnvoll nutzen. Was ist ihrer Meinung nach „sinnvoll"? Warum wollte sie es tun?	3
4) Was hat sie mit zum Fernsehsessel genommen? Was hätte sie lieber gehabt?	2
5) Warum hat Petra den Film als so gruselig empfunden?	2
6) Nummeriere in welcher Reihenfolge die Dinge in der Geschichte geschehen. ○ Petra zieht sich die Decke über den Kopf. ○ Petra sieht einen Film an. ○ Petra zieht sich den Schlafanzug an. ○ Petra liest auf dem Bett. ○ Sie schreit und schlägt um sich. ○ Sie schreit und macht den Fernseher aus.	3

© M. Reichel, M. Mandl, München 2016/17 - Jede Vervielfältigung ohne schriftliche Zustimmung ist unzulässig.

7) Was geschah gleich nachdem Petra den Fernseher ausgemacht hatte? Was tat sie? Warum machte sie das? ____ ____	2
8) Unterstreiche die Zeilen, in welchen sie in ihrem Zimmer Angst hat, in grün!	2
9) Woran konnte man erkennen, dass Petra Angst hatte? Kreuze an!	4
10) Wer kam in Wirklichkeit in ihr Zimmer? ____ ____	1

Zu 9):

	Sie saß im Sessel und aß Chips.
	Petra wurde es ganz anders zumute, und sie hörte sofort auf, Chips zu essen.
	Sie warf sich in den Fernsehsessel, machte einen Schneidersitz und nahm die Fernsehbedienung in die Hand.
	Sie versteckte sich hinter dem Vorhang.
	Ihr Herz klopfte laut.
	Sie traute sich kaum zu atmen und ihre Hand umkrallte die Bettdecke.

Von 23 Punkten hast du ____ erreicht!

© M. Reichel, M. Mandl, München 2016/17 - Jede Vervielfältigung ohne schriftliche Zustimmung ist unzulässig.

3.4 Leseprobe – Das Kamel und der Schakal

Das Kamel und der Schakal

Ein kleiner, gerissener Schakal kam an einen Fluss und wollte auf die andere Seite, um die besseren Jagdgründe zu erreichen. Er war aber sehr wasserscheu, deshalb überlegte er, wie er auf die andere Seite kommen könnte, ohne nass zu werden.

Da traf er ein großes Kamel, mit dem er einen Handel abschloss: „Liebes Kamel, wenn du mich an das andere Ufer bringst, bringe ich dich dafür zu einem Zuckerrohrfeld. Dort kannst du fressen so viel du willst."

„In Ordnung", erwiderte das gutmütige Kamel, „steige auf meinen Rücken!" Beide gelangten glücklich an das andere Ufer.

Der Schakal erbeutete sehr schnell einen kleinen Hasen und weil er nur einen kleinen Magen hatte, war er auch schon sehr bald satt. Vollgefressen begann er laut zu heulen, so dass der Bauer ihn hörte und mit einem Stock heraneilte.

Der schnelle Schakal konnte dem Bauern gerade noch entkommen, das arme Kamel aber musste ein paar Schläge einstecken. Als die beiden Tiere sich wenig später trafen, um den Rückweg anzutreten, sprang der Schakal wieder auf den Rücken des Kamels. Während es dann den Schakal auf die andere Seite zurückbrachte, fragte es: „Warum hast du denn so laut geheult?"

Scheinheilig erwiderte der Schakal: „Es tut mir wirklich leid, aber nach dem Essen singe ich immer!"

„Ich verstehe!", antwortete das verärgerte Kamel, „weißt du, wenn ich eine gute Mahlzeit hatte, wälze ich mich immer im Wasser."

Und so musste der wasserscheue Schakal doch noch ein unfreiwilliges Bad nehmen.

Erzählung nach Aesop

© M. Reichel, M. Mandl, München 2016/17 - Jede Vervielfältigung ohne schriftliche Zustimmung ist unzulässig.

Fragen zum Text:
Antworte in vollständigen Sätzen!

1) Wer kommt alles in dieser Geschichte vor?	4
2) Wie sind die Tiere beschrieben? Schreibe zwei Adjektive (Wie-Wörter) zu jedem Tier auf!	4
3) Unterstreiche die wörtlichen Reden im Text!	5
4) Schreibe alle Begleitsätze der wörtlichen Reden auf.	5
5) Wie lautet die Kernaussage dieser Geschichte?	2
6) Erkläre, weshalb sich die Tiere unterhalten können?	2

© M. Reichel, M. Mandl, München 2016/17 - Jede Vervielfältigung ohne schriftliche Zustimmung ist unzulässig.

7) Warum nimmt das Kamel ein Bad und wo tut es dies? ____________________ ____________________ ____________________	2
8) Male ein passendes Bild zu dieser Geschichte!	2

Viel Erfolg!

Von 26 Punkten hast du ______ erreicht.

© M. Reichel, M. Mandl, München 2016/17 - Jede Vervielfältigung ohne schriftliche Zustimmung ist unzulässig.

3.5 Leseprobe – Piraten früher und heute

Piraten früher und heute

Der Begriff „Pirat" stammt aus dem Griechischen und zwar von „**peiratés**" und bedeutet „Angreifer".

Nahezu alle seefahrenden Völker betrieben in der Antike Piraterie. Anfangs überwog Küstenpiraterie, bei der Küstenorte oder Schiffe, die nahe der Küste fuhren oder ankerten, mit Ruderbooten überfallen wurden. Erst später kam die Piraterie auf hoher See hinzu.

Die Küsten Nordeuropas machten vom Ende des 8. bis zum Beginn des 11. Jahrhunderts skandinavische Seeräuber - die Wikinger - unsicher. Die Wikinger verfügten über typische Wikingerschiffe, die niemals ausschließlich zum Segeln ausgelegt waren, sondern immer auch über Ruder verfügten. Die kleineren Wikingerschiffe konnten sogar über Land transportiert werden. Somit konnten sie selbst in Binnengewässern eingesetzt werden und die Wikinger waren in der Lage auch entlang der großen Flüsse zu schippern. Sie plünderten unter anderem Klöster, Städte und Handelsplätze.

Im 16. Jahrhundert begann der Menschenhandel zwischen Europa, Afrika und Amerika, bei dem viele Schwarzafrikaner gefangen genommen und als Sklaven verkauft wurden. Die führenden Seemächte waren Portugal, Spanien und England. Sie stritten damals um die Vorherrschaft auf dem Atlantik.

Es gab auch Piraten, die im Namen ihres Königs oder ihrer Königin Schiffe plünderten. Diese sogenannten „Freibeuter" standen unter dem Schutz der Krone und erhielten einen „Kaperbrief" ihres Herrschers. Der Kaperbrief, war die Erlaubnis, im Namen des Königs, feindliche Handelsschiffe zu überfallen. Die Beute wurde anschließend zwischen Freibeuter und König geteilt. Einer der berühmtesten Freibeuter war Francis Drake. Er plünderte vor allem zahlreiche spanische und portugiesische Handelsschiffe im Namen von Königin Elisabeth I. von England. Im Jahr 1581 wurde er von Königin Elisabeth für seine Taten sogar zum Ritter geschlagen und durfte sich fortan Sir Francis Drake nennen.

© M. Reichel, M. Mandl, München 2016/17 - Jede Vervielfältigung ohne schriftliche Zustimmung ist unzulässig.

Wir kennen Piraten nur aus Filmen und Sagen. Sie tragen oftmals Hüte und Augenklappen und kämpfen mit Säbeln und Pistolen. Der derzeit bekannteste Pirat ist wohl Kapitän Jack Sparrow aus dem Film „Fluch der Karibik".

Aber echte Piraten gibt es auch heute noch. Heute sehen die Piraten normal gekleidet aus und kämpfen mit neuesten Pistolen und manchmal auch mit Messern.

Sie machen vor allem die Küste vor Somalia im Osten Afrikas sowie manche Gewässer Südostasiens und Südamerikas unsicher, indem sie Schiffe überfallen, die Besatzung gefangen nehmen und Lösegeld fordern.

Die Piraten belagern wichtige Seewege, auf denen Schiffe mit wertvollen Waren oder Urlaubern zwischen den verschiedenen Kontinenten Europa, Afrika und Asien verkehren. Besonderes Interesse haben die Piraten an den großen Handelsschiffen, die viel teure Ware an Bord haben. Teilweise nehmen die Schiffe mittlerweile große Umwege in Kauf, um die unsicheren Küsten zu meiden. Dies bedeutet jedoch deutlich höhere Kosten für die Reedereien. Die Mehrkosten durch Lösegeldzahlungen oder längere Umwege werden letztlich auf die Waren umgelegt und am Ende bezahlt der Verbraucher höhere Preise für die Ware im Laden.

Ein armes Land wie Somalia schafft es nicht alleine seine Küsten zu schützen. Das Land befindet sich seit vielen Jahren im Bürgerkrieg und es gibt keine stabile Regierung, die sich um die Belange der Bürger kümmert.

Da Schiffe aus aller Welt unter den Piraten leiden, haben viele Länder Militärschiffe ausgesandt, um die Küste vor Somalia zu schützen. Auch Deutschland hat Militärschiffe in dieses Gewässer entsandt.

Mandana Mandl , 2016

© M. Reichel, M. Mandl, München 2016/17 - Jede Vervielfältigung ohne schriftliche Zustimmung ist unzulässig.

Fragen zum Text:

Beantworte alle Fragen in vollständigen Sätzen.

1) Wovon leitet sich das Wort „Pirat" ab und welcher Sprache entstammt es? ____________________ ____________________	2
2) Erläutere den Begriff: Küstenpiraterie ____________________ ____________________ ____________________ ____________________	4
3) Welches Synonym für Pirat findest du im Text? ____________________	1
4) Wer sind die Wikinger? ____________________	1
5) Was ist das typische an einem Wikingerschiff? ____________________	2
6) Wie heißt der bekannteste Pirat heutzutage? ____________________ ____________________	1
7) Welche Mächte zählten zu den führenden Seemächten? ____________________	3
8) Was ist ein Kaperbrief? ____________________ ____________________ ____________________	4

© M. Reichel, M. Mandl, München 2016/17 - Jede Vervielfältigung ohne schriftliche Zustimmung ist unzulässig.

9) Was ist ein Freibeuter? ____________________ ____________________ ____________________	3
10) Welcher Freibeuter wird im Text erwähnt und in wessen Auftrag fuhr er zur See? ____________________ ____________________	2
11) Erläutere den Begriff der heutigen „Piraterie". ____________________ ____________________ ____________________ ____________________	4
12) Wie bekommen wir als Endverbraucher die Folgen der Piraterie zu spüren? ____________________ ____________________ ____________________	4
13) Wie versucht Deutschland Somalia im Kampf gegen die Piraten zu unterstützen? ____________________ ____________________ ____________________ ____________________	2

Viel Erfolg!

Von 33 Punkten hast du ______ erreicht.

© M. Reichel, M. Mandl, München 2016/17 - Jede Vervielfältigung ohne schriftliche Zustimmung ist unzulässig.

3.6 Leseprobe – Die drei Brüder

Die drei Brüder

Es war einmal ein Mann, der hatte drei Söhne und weiter nichts an Vermögen als das Haus, worin er wohnte. Nun hätte jeder Sohn gerne nach seinem Tode das Haus geerbt. Dem Vater aber war einer so lieb wie der andere, doch er wusste nicht, wie er es anfangen sollte, dass er keinen benachteiligt. Verkaufen wollte er das Haus auch nicht, weil es von seinen Voreltern war, sonst hätte er das Geld unter ihnen aufgeteilt. Da fiel ihm schließlich ein Rat ein, und er sprach zu seinen Söhnen: „Geht in die Welt hinaus und sucht euer Glück. Jeder soll sein Handwerk lernen. Wenn ihr dann wiederkommt, will ich prüfen, wer das beste Meisterstück vollbringt, der soll dann das Haus haben."

Die Söhne gaben sich zufrieden. Der älteste wollte ein Hufschmied, der zweite ein Barbier, der dritte aber ein Fechtmeister werden. Darauf bestimmten sie eine feste Zeit, zu der die drei Brüder wieder nach Hause kommen wollten, und zogen fort.

Sie hatten Glück. Jeder fand einen tüchtigen Meister, bei dem er was Rechtschaffenes lernte. Der Schmied durfte sogar des Königs Pferde beschlagen und dachte: „Nun kann mir's nicht fehlen, ich krieg das Haus." Der Barbier rasierte lauter vornehme Herren und meinte auch, das Haus wäre schon sein. Der Fechtmeister kriegte manchen Hieb, biss aber die Zähne zusammen und ließ es sich nicht verdrießen, denn er dachte bei sich: „Fürchtest du dich vor einem Hieb, so kriegst du das Haus nimmermehr."

Als nun die vereinbarte Zeit herum war, kamen sie bei ihrem Vater wieder zusammen. Sie wussten aber nicht, wie sie die beste Gelegenheit finden sollten, ihre Kunst vor dem Vater zu zeigen. Sie setzten sich zusammen und beratschlagten. Wie sie so saßen, kam auf einmal ein Hase übers Feld gelaufen.

© M. Reichel, M. Mandl, München 2016/17 - Jede Vervielfältigung ohne schriftliche Zustimmung ist unzulässig.

„Ei", sagte der Barbier, „der kommt wie gerufen!", nahm Becken und Seife, schäumte so lange, bis der Hase in die Nähe kam, dann seifte er ihn in vollem Laufe ein.

Er rasierte ihm in vollem Laufe ein Stutzbärtchen, und dabei schnitt er ihn nicht ein einziges Mal und tat ihm an keinem Haare weh.

„Das gefällt mir", sagte der Vater, „wenn sich die andern nicht gewaltig anstrengen, so ist das Haus dein."

Es währte nicht lang, so kam ein hoher Herr in einer Kutsche daher in vollem Jagen. „Nun sollt Ihr sehen, Vater, was ich kann!", rief der Hufschmied, sprang dem Wagen nach, riss dem Pferd, das in einem fortjagte, die vier Hufeisen ab und schlug ihm auch im Jagen vier neue wieder an. „Du bist ein ganzer Kerl!", sprach der Vater, „du machst deine Sachen genauso gut wie dein Bruder; so dass ich nicht weiß, wem ich das Haus geben soll." Da sprach der dritte: „Vater, lasst mich auch einmal meine Künste zeigen."

Und weil es gerade anfing zu regnen, zog er seinen Degen und schwenkte ihn in Kreuzhieben derart behände über seinen Kopf, dass kein Tropfen auf ihn fiel und selbst als der Regen stärker ward, und endlich so stark, als ob man mit Mulden vom Himmel gösse, schwang er den Degen immer schneller und blieb dennoch so trocken, als säße er unter Dach und Fach. Wie der Vater das sah, erstaunte er und sprach: „Du hast das beste Meisterstück gemacht! Das Haus ist dein."

Die beiden anderen Brüder waren damit zufrieden, denn sie hatten gelobt, den Spruch des Vaters zu achten. Weil sie einander so lieb hatten, blieben sie alle drei zusammen im Haus und trieben ihr Handwerk; und da sie so gut ausgelernt hatten und so geschickt waren, verdienten sie viel Geld. So lebten sie vergnügt bis in ihr Alter zusammen, und als der eine krank ward und starb, grämten sich die zwei andern so sehr darüber, dass sie auch krank wurden und bald starben. Da wurden sie, weil sie so geschickt gewesen waren und sich so lieb gehabt hatten, alle drei zusammen in ein Grab gelegt.

Nach den Gebrüder Grimm, angepasst an die neue deutsche Rechtschreibung.

© M. Reichel, M. Mandl, München 2016/17 - Jede Vervielfältigung ohne schriftliche Zustimmung ist unzulässig.

Fragen zum Text:

Beantworte alle Fragen in vollständigen Sätzen.

1) Woraus bestand das Vermögen des Vaters?	1
2) Welchen Rat hatte der Vater für seine Söhne?	3
3) Für welchen Beruf entschieden sich die Söhne?	3
4) Wie würdest du die Söhne beschreiben? Finde zwei geeignete Adjektive (Wie-Wörter), die auf alle Brüder zutreffen.	2
5) Für welches Meisterstück entschied sich der Vater?	4
6) Wo lebten die Brüder, die nicht das Haus erbten und weshalb?	2

© M. Reichel, M. Mandl, München 2016/17 - Jede Vervielfältigung ohne schriftliche Zustimmung ist unzulässig.

7) Ergänze die nachstehenden Sätze! Achte auf den genauen Wortlaut im Text. Der Barbier rasierte ____________________ ____________________ Fürchtest du dich ____________________ ____________________ ____________________	4 2 2
8) Schreibe die fehlenden Wörter in dem Satz auf, vergleiche mit der passenden Textstelle! Darauf bestimmten sie eine Zeit, zu der die Brüder wieder nach Hause kommen wollten, und zogen fort. ____________________	2
9) Finde ein passendes Wort für folgende im Text vorkommenden Wörter. Achte auf den Zusammenhang! Barbier ____________________ Hieb ____________________ gelobt ____________________ grämten ____________________	4
10) Nenne drei allgemeine Merkmale, die erkennen lassen, dass es sich bei dieser Erzählung um ein Märchen handelt. ____________________ ____________________ ____________________	3

Viel Erfolg!

Von 28 Punkten hast du ______ erreicht.

© M. Reichel, M. Mandl, München 2016/17 - Jede Vervielfältigung ohne schriftliche Zustimmung ist unzulässig.

3.7 Leseprobe – Der schwarze Tod

Der schwarze Tod oder warum die Schäffler tanzten

München hatte manch schwere Zeit zu ertragen. Von einer schrecklichen Seuche aber wurde die Stadt des Öfteren heimgesucht - der schwarze Tod – besser bekannt als: die Pest.

Man nannte diese Krankheit den schwarzen Tod, da sich auf der Haut scheußliche Beulen bildeten, die sich schwarz verfärbten. Am grauenvollsten wütete die Pest in den Jahren 1634 und 1635. Das Land war durch den 30-jährigen Krieg gebeutelt. Vielleicht haben fremde Soldaten den Pesterreger mit in die Stadt gebracht, man weiß es nicht. Sicher aber ist, dass die hygienischen Bedingungen die Pest begünstigten. Ratten und Nagetiere und deren Flöhe übertrugen die Krankheit. Die Straßen waren dreckig, es gab keine Kanalisation und auch keine Toiletten, so dass die meisten ihre Notdurft auf der Straße verrichteten und sich eine stinkende Kloake durch die Stadt zog.

Aber nicht nur der Dreck in der Stadt begünstigte die Krankheit, auch der Umgang der Menschen mit der Krankheit war aus Unwissenheit falsch. Man dachte damals, die Erreger würden durch die Nase aufgenommen und würden aus dem übel riechenden Abwasser kommen. Teilweise war dies richtig, aber man konnte die Erreger weder mit Parfüm noch mit Essig bekämpfen, was die Menschen derzeit glaubten.

© M. Reichel, M. Mandl, München 2016/17 - Jede Vervielfältigung ohne schriftliche Zustimmung ist unzulässig.

Ärzte stachen die Pestbeulen auf und dachten, wenn die Flüssigkeit aus den Beulen lief, würden diese besser heilen. Doch gerade diese Flüssigkeit ist höchst ansteckend. Sie ist voll von Erregern und jeder, der damit in Berührung kam, wurde sofort angesteckt und erlag ebenso dem schwarzen Tod.

Aus diesem Grund starben auch viele Ärzte. Eine weitere Ursache für die schnelle Verbreitung der Pest war, dass die Toten ohne Handschuhe angefasst und mit Schubkarren, den sogenannten Pestkarren, einfach vor die Stadttore gebracht wurden.

Besonders groß war auch das Frauensterben in dieser Zeit.

Dieselben Ärzte, die gerade noch Pestkranke behandelten, besuchten kurz darauf auch Frauen, die frisch entbunden hatten. Sie untersuchten die armen Frauen, ohne sich die Hände zu waschen und stellten damit unabsichtlich ihr Todesurteil aus. Als Todesursache aber schrieb man oft „Kindbettfieber".

Ignaz Phillip Semmelweis, der viel später, nämlich erst im Jahre 1846 in einer Wiener Geburtsklinik als Assistenzarzt arbeitete, gab sich mit der Diagnose „Kindbettfieber" nicht zufrieden. Aufgrund seiner genauen Beobachtungen machte er die Todesursache der Wöchnerinnen schließlich aus: „Sie infizieren sich während der Geburt durch die ungewaschenen Hände der Ärzte und Hebammen." Die Einführung der Handwaschung mit Chlorkalk im Jahre 1847 senkte die Todesrate erheblich. Der Arzt Semmelweis wurde zum „Retter der Mütter".

München reagierte auf seine Art damals auf die Pest, denn vieles wussten die Menschen einfach noch nicht, wie zum Beispiel, dass die Kloake, die sich durch die Stadt zog und durch die die Menschen liefen, Krankheiten übertrug.

Sie ahnten auch nicht, dass die Rattenflöhe, die sich gerne auf verschiedensten Nagern niederließen, die Pest übertrugen.

Sicher wäre vieles anders verlaufen, wenn sich die Menschen und Ärzte das Händewaschen früher angewöhnt hätten oder vom Aufstechen der Beulen abgelassen hätten. Obwohl der Zusammenhang heute recht einfach erscheint, war er den Menschen damals schlicht fremd.

© M. Reichel, M. Mandl, München 2016/17 - Jede Vervielfältigung ohne schriftliche Zustimmung ist unzulässig.

❄ ❄ ❅ ☼ ♦ ❅ ❅ ❄

München schloss seine Tore und durchleuchtete jeden Brief, der aus der Fremde kam. Man reichte den Menschen, die erkrankt waren, das Essen durch die Fenster und überließ sie immer mehr sich selbst und ihren Verwandten. Ganze Familien und Straßenzüge starben aus. Man versprühte Essig oder versuchte die Straßen mit Weihrauch zu reinigen.

❄ ❄ ❅ ☼ ♦ ❅ ❅

❄

Der Winter aber half wirklich gegen die Pest. ❄ Die Rattenflöhe waren kälteempfindlich und starben. Dadurch war der Winter der natürliche Feind der Pest.

Im Winter 1634 / 1635 starben von 20.000 Einwohnern der Münchner Bevölkerung 15.000 an der Pest. Erst dann kehrte wieder etwas Ruhe in München ein. Die Überlebenden aber hatten immer noch Angst vor der Seuche und verschanzten sich weiterhin in ihren Häusern.

Der Sage nach fassten sich dann die Schäffler ein Herz und gingen tanzend und singend, mit Pfeifen und Trommeln auf die Straße, um ihre Mitbürger aus den Häusern zu locken und ihnen zu zeigen, dass die Pest vorbei ist.

Langsam ließen sich die Münchner Bürger überzeugen und das normale Leben zog in München wieder ein.

Zum Gedenken an diese schwere Zeit werden auch heute noch alle sieben Jahre die Schäfflertänze zur Faschingszeit aufgeführt. Und die Schäffler singen die bekannten Zeilen:

„Aber hoit is koit, aber hoit is koit, aber hoit is sakramentisch koit!". ❄

Text: M. Reichel

© M. Reichel, M. Mandl, München 2016/17 - Jede Vervielfältigung ohne schriftliche Zustimmung ist unzulässig.

Fragen zum Text:

Antworte in ganzen Sätzen!

1) Von welcher Stadt war im Text die Rede?	1
2) Wie nannte man die Pest noch und warum nannte man sie so?	2
3) In welchen Jahren wütete die Pest am schlimmsten?	1
4) Welcher Krieg war zu dieser Zeit?	1
5) Warum konnte sich die Krankheit so gut ausbreiten? Nenne vier Gründe!	4
6) Welcher Arzt versuchte erfolgreich etwas gegen das Frauensterben und wie gelang ihm dies?	2

© M. Reichel, M. Mandl, München 2016/17 - Jede Vervielfältigung ohne schriftliche Zustimmung ist unzulässig.

7) Was taten die Stadt München und ihre Bewohner gegen die Pest? Nenne drei Dinge! __________ __________ __________ __________	3
8) Was half wirklich gegen die Pest und in welchem Jahr war sie überstanden? ✎ __________ __________	2
9) Wer lockte die Menschen wieder aus ihren Häusern und wie versuchten sie dies? __________ __________ __________	2
10) Warum wollten die Menschen in ihren Häusern bleiben? __________ __________ __________	1

Viel Glück!
Von 19 Punkten hast du ________ erreicht.

© M. Reichel, M. Mandl, München 2016/17 - Jede Vervielfältigung ohne schriftliche Zustimmung ist unzulässig.

3.8 Leseprobe – Der Weihnachtsmann

Der Weihnachtsmann

Alle Jahre freute sich der Weihnachtsmann besonders auf die stille Weihnachtszeit, die ‚stade Zeit', wie er sie nannte. ★

Immer war er in einem Kaufhaus; und das schon seit Jahren. Er wusste schon gar nicht mehr wie lange. Jahr um Jahr langte er in seinen Jutesack und gab den Kindern, die vorbeikamen, Mandarinen, Nüsse oder Schokolade. Er freute sich, wenn die Kinder strahlten und das Silberpapier gleich öffneten und voller Freude in die Schokoladennikoläuse hineinbissen. Das waren die Momente im Leben, die er liebte! Genau aus diesem Grunde war er Weihnachtsmann. Er wollte sie sehen, die Freude, die nur Kinder zeigen! ★

Dieses Jahr aber war alles anders. Der arme Mann lag krank im Bett und konnte während dieser schönen Weihnachtszeit nicht das tun, was er am liebsten tat: Kinder beschenken. ★

Mit schniefender Nase, rauer Stimme und einem heißen Kopf ruhte er unter seinem dicken Federbett und tat sich leid. Ganz alleine lag er da und fragte sich, ob sich auch jemand für ihn interessierte?

Die Schneeflocken klopften an sein Fenster, doch er antwortete nicht. Nachts kamen die Rentiere vorbei und pochten an seine Schlagläden, doch er war zu schwach aufzustehen und das zu tun, was er am liebsten tat und worauf er das ganze Jahr wartete. Lange hörte er noch ihre Glöckchen klingen.

Dieses Jahr war einfach nichts. So machte ihm das Leben gar keinen Spaß.

Doch plötzlich klopfte und polterte es so laut, dass auch er es nicht überhören konnte. Es hörte auch nicht auf, als er sich die Decke über den Kopf zog.

Also stand er auf. Als erstes kamen ein paar nackte Füße unter der weißen Decke hervor und dann der ganze Weihnachtsmann im weißen Nachthemd mit einem Kragen, der in dunkles Weinrot eingefasst war - einer Farbe, die sonst die Rentiere als Halsband mit Glöckchen um den Hals trugen. Etwas zittrig und mit wirrem Haar ging er langsam zur Tür und öffnete diese leicht grimmig.❄

Seine traurigen Augen begannen zu strahlen, als sie sahen, was vor seiner Tür los war! Der lange Bart fing an zu wippen, und der Weihnachtsmann sah mit einem Mal viel, viel besser aus!

© M. Reichel, M. Mandl, München 2016/17 - Jede Vervielfältigung ohne schriftliche Zustimmung ist unzulässig.

Noch ganz schwach und verunsichert von dem, was er gesehen hatte, ließ er die Türe offen und setzte sich auf sein Bett. Seine Hände zitterten. Vielleicht hatte er sich getäuscht?

Doch nein, nun kamen sie herein, eines nach dem anderen: all die Kinder, die er seit Jahren beschenkt hatte. Sie hatten sich vor seiner Türe versammelt. Sie hatten im Kaufhaus nachgefragt, wo ihr Weihnachtsmann war, und der Direktor hatte wahrheitsgemäß geantwortet: zu Hause, im Bett, ganz krank.

Nun wollten sie ein bisschen von ihrer Freude zurückgeben. Jeder hatte etwas mitgebracht, was den Weihnachtsmann wieder auf die Beine bringen sollte. Eine heiße Suppe, viele Zitronen, etwas Süßes, frischen Saft und frischen Ingwer, etwas Tee, noch mehr Obst und etwas zur Stärkung; irgendwie musste der Weihnachtsmann ja wieder gesund werden!

Gesund wurde er von ganz alleine, beim Anblick all dieser Kinder. Er wusste wieder, wozu die ‚stade Zeit' war und dass es für ihn Zeit wurde, zurück an seine Arbeit zu gehen – die Arbeit, die er liebte!

Text von Miriam Reichel 2016

Bild: Horst Reichel

© M. Reichel, M. Mandl, München 2016/17 - Jede Vervielfältigung ohne schriftliche Zustimmung ist unzulässig.

Fragen zum Text:

1) Wo „arbeitete" der Weihnachtsmann? ____________________ ____________________	1
2) Wie nannte er die Weihnachtszeit? ____________________ ____________________	1
3) Mochte der Weihnachtsmann diese Zeit des Jahres in diesem Jahr? O steht nicht im Text O ja O nein, dieses Jahr nicht	1
4) Erkläre deine Antwort aus Frage 3. ____________________ ____________________ ____________________	2
5) Was hatte der Weihnachtsmann? ____________________ ____________________ ____________________	2
6) Wer oder was wollte ihn aus dem Bett locken und kam an sein Fenster? ____________________ ____________________	2
7) Die Krankheit des Weihnachtsmannes wird mit drei Adjektiven beschrieben. Nenne diese! 	3

© M. Reichel, M. Mandl, München 2016/17 - Jede Vervielfältigung ohne schriftliche Zustimmung ist unzulässig.

8) Welcher Besuch veränderte alles?	1
9) Was brachte man ihm. Nenne mindestens sechs Dinge!	3
10) Warum kamen die Kinder ihn besuchen?	4
11) Wodurch wurde der Weihnachtsmann wieder gesund?	1
12) Woher wussten die Kinder, wo der Weihnachtsmann war?	2
13) Kann man eine Lehre aus der Geschichte ziehen? Was denkst du?	4

Viel Glück!

Von 27 Punkten hast du ______ erreicht.

© M. Reichel, M. Mandl, München 2016/17 - Jede Vervielfältigung ohne schriftliche Zustimmung ist unzulässig.

3.9 Leseprobe - Max der Bibliothekar

Max der Bibliothekar

Stell dir vor, es ist Sommer! Ein warmer Wind streift durch die Bäume und lässt die Blätter rascheln. Die Grashalme wiegen sich sanft hin und her, das gekräuselte Wasser spiegelt die Sonne tausendfach und lässt unzählige kleine Lichtstrahlen auf der Fassade des Hauses am See tanzen. Dort steht hinter einem der vielen Fenster, den Blick sehnsüchtig hinaus in die Ferne gerichtet, Max, der Bibliothekar; der, der über die Bücher bestimmt und sagt, wo sie wohnen.

Jetzt meinst du sicherlich, dass Max schon ein alter Mann ist mit einem Bart, an dessen Spitze noch die Reste vom Frühstücksei kleben, mit einer kleinen, schnuckeligen Nickelbrille, die so verschmiert ist, dass nicht einmal ein Adler noch durchsehen könnte, mit einem weißen Hemd, das unbedingt gebügelt gehört, einer Weste, an der ein Knopf fehlt und einer Hose, die viel zu groß ist und am Popo schlabbert. Vielleicht meinst du ja auch, dass Max ganz große Ohren hat, buschige Augenbrauen und rote Bäckchen, die beim Anblick der Bücher vor Freude glühen.

Du wirst es nicht glauben, aber er ist ganz anders als du denkst! Max ist der jüngste Bibliothekar auf der ganzen Welt. Er ist erst zehn Jahre alt, rank und schlank mit dunklem, braunem, kurzem Haar und mit blauen, vor Neugierde, Witz und Freude funkelnden Augen. Sein weißes T-Shirt trägt er lässig über die Bluejeans. Kurz: Ein Junge, mit dem viele Mädchen gerne Pferde stehlen würden.

Max aber liebt Bücher. Er sammelt sie, er pflegt sie und ab und zu spricht er auch mit ihnen; wissen sie doch ihm soviel zu erzählen. Lange schon hatte er angefangen, die Bücher zu ordnen. In einem Regal stehen Bücher, die von den vielen Ländern auf unserer Welt erzählen. In einem anderen Regal stapeln sich Bücher, die uns erzählen, wie unsere Welt so funktioniert.

© M. Reichel, M. Mandl, München 2016/17 - Jede Vervielfältigung ohne schriftliche Zustimmung ist unzulässig.

Es gibt auch ein Regal, in dem Bücher in fremden Sprachen sortiert sind. In wieder anderen Regalen stehen Bücher, die lustige und traurige, spannende, manchmal aber auch langweilige Geschichten erzählen. Max, der Bibliothekar, hält ein neues Buch in seiner Hand, das künftig in seiner Bibliothek wohnen und seine Leser erfreuen soll. Er wirft einen kurzen Blick in das Buch und sieht, dass es wohl voller Geschichten für Große und für Kleine, für junge und für junggebliebene ältere Menschen ist. Er dachte sich: Im Turmzimmer links, dort im Regal oben rechts, wäre der richtige Platz für das Büchlein und stellt es dorthin.

Da fingen die Nachbarbücher an zu tuscheln: „Na, du Jungspund, was machst du denn hier, wer glaubst du denn zu sein? Für wie wichtig hältst du dich, du kleiner Aufschneider, dass du meinst, so einfach neben uns Platz nehmen zu dürfen, neben uns alt gedienten Büchern, die wir uns unseren Platz hart erarbeiten und verdienen mussten, die wir ganz unten links in diesem Regal unsere Laufbahn begonnen haben, und erst jetzt, als die vielen Leser endlich unseren Wert erkannten, in diese luftigen Höhen aufsteigen durften. Wer bist du?", tuschelt es aus allen Ecken. „Erzähl uns von dir!", flüstern die Bücher und rutschen ächzend immer näher zusammen, so dass es unserem armen Büchlein zu eng wird und es aus dem Regal auf den Boden fällt.

Max, der Bibliothekar, hat den Krach gehört. Als er das Buch am Boden sieht, hebt er es auf und las ...

Text: Moritz, Leonie und Pauline Wessel, Miriam Reichel

© M. Reichel, M. Mandl, München 2016/17 - Jede Vervielfältigung ohne schriftliche Zustimmung ist unzulässig.

Fragen zum Text:

1) Zu welcher Jahreszeit spielt die Geschichte? Kreuze an! ☐ sie spielt im Sommer ☐ im Herbst ☐ man soll sich vorstellen, es sei Sommer ☐ keine Jahreszeit angegeben	1
2) Wie stellt sich der Autor vor, dass **du** glaubst, wie Max aussehen müsste? Nenne fünf Beispiele! ____________________ ____________________ ____________________	5
3) Wie sieht Max in Wirklichkeit aus? Nenne auch hier fünf Eigenschaften aus der Erzählung, die den Bibliothekar näher beschreiben! ____________________ ____________________ ____________________ ____________________	5
4) Nenne drei Arten von Büchern, die Max in seiner Bibliothek hat! ____________________ ____________________ ____________________	3
5) Wie können Geschichten sein? Schreibe vier Adjektive auf, die der Autor verwendet! ____________________ ____________________	2
6) Unterstreiche im Text in **grün**, für wen das neue Buch geeignet ist!	1

© M. Reichel, M. Mandl, München 2016/17 - Jede Vervielfältigung ohne schriftliche Zustimmung ist unzulässig.

7) Wo soll das neue Buch stehen?	2
8) Unterstreiche in **orange**, was die Nachbarbücher tuscheln!	2
9) Warum fällt das Buch aus dem Regal? Wer findet es und liest darin?	2
10) Denke dir einen passenden Schluss zu dieser Geschichte aus und schreibe ihn auf.	2

Viel Erfolg!

Von 25 Punkten hast du ______ erreicht.

© M. Reichel, M. Mandl, München 2016/17 - Jede Vervielfältigung ohne schriftliche Zustimmung ist unzulässig.

3.10 Leseprobe - Die Plastiki

Die Plastiki

Die Familie Rothschild ist schon lange bekannt. Sie zählten im 19. und 20. Jahrhundert zu den einflussreichsten Bankiers und wichtigsten Finanziers der europäischen Staaten. Noch heute ist das Bankhaus von internationaler Bedeutung. Die Familie Rothschild war zwischen 1815 und 1914 größtenteils im Besitz der weltgrößten Bank. Ihr Stammhaus hatten sie in der Frankfurter Judengasse. Diese Gasse war die einzige, in der der junge Mayer Amschel Rothschild, der noch im Ghetto geboren wurde, überhaupt Eigentum - als Jude - erwerben durfte. Amschel aber hatte es geschafft und eines der größten Bankhäuser aufgebaut. Seine Söhne sollten als angesehene Männer durch ihr Leben gehen.

Nun hat wieder einmal ein Rothschild auf sich aufmerksam gemacht. Dieses Mal aber auf eine ganz andere Art und Weise!

© M. Reichel, M. Mandl, München 2016/17 - Jede Vervielfältigung ohne schriftliche Zustimmung ist unzulässig.

David de Rothschild, dessen Beruf als „Abenteurer und Ökologe" angegeben ist, hat in einer außergewöhnlichen Form auf sich aufmerksam gemacht. Als jüngstes von drei Kindern studierte er Politik und Informatik in Oxford und später noch Naturheilkunde.
Im Jahr 2006 überquerte er die Arktis von Russland nach Kanada in rund 100 Tagen, was bisher nur wenigen Menschen gelungen war. Hierdurch wurde er der jüngste Brite, der sowohl den Nordpol, als auch den Südpol erreichte. Zusätzlich war er Mitglied der Gruppe, die während der Zweifachüberquerung einen Weltrekord für die schnellste Überquerung der grönländischen Eiswüste aufstellen konnte.
Rothschild wurde zum Kopf der „Adventure Ecology" und sein nächstes Abenteuer sollte die Welt wachrütteln.

David de Rothschild

In der Zeitung konnten wir dazu lesen: „Nach drei Jahren Vorbereitung ist der aus rund 12.500 Plastikflaschen bestehende Katamaran mit dem Namen Plastiki am Samstag, dem 20.03.2010, bei San Francisco nun endlich zu seiner Pazifiküberquerung in See gestochen. Drei Monate wird die Crew über San Diego, Hawaii, Midway, das Bikini-Atoll und Tuvalu bis zum Zielort Sydney brauchen und dabei rund 18.000 Kilometer zurücklegen."

Die Reise des 31-Jährigen sollte auf die verschiedenen Umweltkatastrophen, die durch den Menschen verursacht wurden, aufmerksam machen. Vor allem wollte David de Rothschild den Menschen die Zerstörung durch den Plastikmüll aufzeigen. Auf seiner Reise, so sagte Rothschild, habe er mehr Plastikmüll als Meerestiere gesehen, und damit meinte er nicht die Plastikflaschen, aus welchen sein Boot bestand.

© M. Reichel, M. Mandl, München 2016/17 - Jede Vervielfältigung ohne schriftliche Zustimmung ist unzulässig.

Die Plastiki wurde vollständig aus Recycling-Material gebaut, das mit Leim aus Zucker und Cashewnüssen zusammengehalten wurde. Der Strom für den Antrieb des Schiffes wurde mit Solar- und Windenergie sowie mit Fahrrädern erzeugt. Der Mast bestand aus einem recycelten Bewässerungsrohr und das Segel war aus recycelten PET-Kleidern hergestellt worden. Die Mannschaft duschte mit Salzwasser und ernährte sich von Konservendosen und dem Gemüse, das sie in ihrem Bootsgarten angebaut hatten. Sie verbrachten 128 Tage auf See.

PLASTIKI SHOP

Auf dieser Reise besuchte die Mannschaft verschiedene Orte, die durch Menschen negativ beeinträchtigt wurden. Ihre Route führte über die riesige Plastikinsel im Nordpazifik, auch „Eastern Garbage Patch"genannt, da sich hier aufgrund von starken Meeresströmungen Unmengen von Abfällen ansammeln. Diese Plastikinsel umfasst ein Areal, das sechsmal so groß ist wie Großbritannien und Nordirland zusammen.
Dann besuchten sie das Bikini-Atoll, um die nukleare Verseuchung durch US-amerikanische Atombombentests anzuprangern, und die sinkende Insel Tuvalu, um auf den Klimawandel aufmerksam zu machen.

© M. Reichel, M. Mandl, München 2016/17 - Jede Vervielfältigung ohne schriftliche Zustimmung ist unzulässig.

Während der ganzen Reise stand das Schiff mittels Satelliten mit der Öffentlichkeit in Verbindung, und David de Rothschild konnte live berichten, wie der Mensch unsere Natur zerstört. Der Müll, der im Meer über Jahre bleibt, stammt von Stränden, Booten oder wird von Menschen absichtlich im Meer entsorgt.
Ein großer Strudel im Nordpazifik zieht das Plastik an und die einzelnen Teile bleiben - bis zu 16 Jahre - in diesem Strudel gefangen. Mit seiner Reise möchte der junge Brite auch daran erinnern, dass dieser Strudel, der Mensch, Tier und Umwelt belastet, auf keinen Fall durch weiteren Plastikmüll „gefüttert" werden darf, und dass sich die einzelnen Länder darum bemühen sollten, das Gebiet wieder zu reinigen.
Amerika hatte das Areal, welches aus einem Müllteppich etwa so groß wie Mitteleuropa besteht, zum Naturschutzgebiet erklärt, um dadurch an Gelder zu kommen, und mit der Reinigung zu beginnen. Bisher geschah aber leider nichts.

Eigentlich sollte das Flaschenschiff am Ende seiner Reise recycelt werden, nun aber soll es als leuchtendes Beispiel für sinnvolle Abfallverwertung dienen.
Während die Plastiki 3.120 Stunden auf hoher See war, wurden 7.800.000.000 (7 Milliarden 800 Millionen) Flaschen allein in den USA verbraucht.

© M. Reichel, M. Mandl, München 2016/17 - Jede Vervielfältigung ohne schriftliche Zustimmung ist unzulässig.

Kurze Nachmeldung: Frankreich hat im Jahre 2010 damit begonnen, seine Küsten zu reinigen. Wer von seinem Schiff aus Müll entsorgt, kann mit einer Strafe bis zu 1000 € rechnen, auch wenn es nur eine Flasche sein sollte.
Mit Pferden, Fahrrädern, Segways (eine Art „Stehroller") und zu Fuß kontrollieren Polizisten den Strand. Außerdem versucht ein Boot, den Müll, der bereits im Meer gelandet ist, wieder einzusammeln.

Weitere Abhilfe: Die kostenfreie Entladung des Mülls muss in allen Häfen möglich sein, und der Müll an Land fachgerecht entsorgt werden. Früher haben die Besatzungsmitglieder von Schiffen ihren Müll gerne direkt ins Meer geworfen, was mittlerweile verboten ist.

Die kleine NGO Green-Ocean begann 2006 mit einem Pilotprojekt im Hafen von Livorno (Italien): Man kaufte Fischern aufgefischten Plastikmüll ab. Das soll beweisen, dass es durchaus möglich ist, kostengünstig und effektiv Plastikmüll aus dem Meer zu entfernen. Bei anderen Projekten werden Fischer dazu motiviert, Plastikmüll einzusammeln und in Häfen abzugeben. Da der Fisch durch den Plastikmüll sehr belastet ist, haben die Fischer einen direkten Nutzen vom Einsammeln des Plastikmülls.

Im Juli 2014 gab es wieder eine Expedition zum „Great Garbage Path". Dieses Mal wollte Kapitän Charles Moore den Müll und dessen Einfluss auf das Leben in den Meeren mit Freiwilligen untersuchen. Damit sollte der Öffentlichkeit bewusst gemacht werden, wie groß der Einfluss von Müll in den Meeren auf unser Ökosystem ist. Die Belastung der Tiere durch das Plastik ist immens. Da auch der Mensch sich von diesen Tieren ernährt, ist auch er negativ beeinflusst und ernährt sich indirekt mit Plastikmüll.

Text: Miriam Reichel, überarbeitet 2016

© M. Reichel, M. Mandl, München 2016/17 - Jede Vervielfältigung ohne schriftliche Zustimmung ist unzulässig.

Fragen zum Text:

1) Wer hatte die Idee, die „Plastiki" zu bauen, und segelte mit ihr über den Ozean?	1
2) Aus welcher berühmten Familie stammte er und was hat die Familie gemacht? Antworte ausführlich und in vollständigen Sätzen!	3
3) An welchem Ort durfte sich der junge Mayer Amschel Rothschild niederlassen und warum nur dort?	2
4) Welcher Beruf ist bei David de Rothschild angegeben? 	2
5) Unterstreiche im Text grün an was und wo er studiert hat!	1
6) Was tat David de Rothschild im Jahre 2006? 	2

© M. Reichel, M. Mandl, München 2016/17 - Jede Vervielfältigung ohne schriftliche Zustimmung ist unzulässig.

7) Was zeigt dieses Bild und was ist das Besondere an diesem Boot? Antworte ausführlich und unterstreiche alle Sätze im Text gelb, die das Boot näher beschreiben. 4

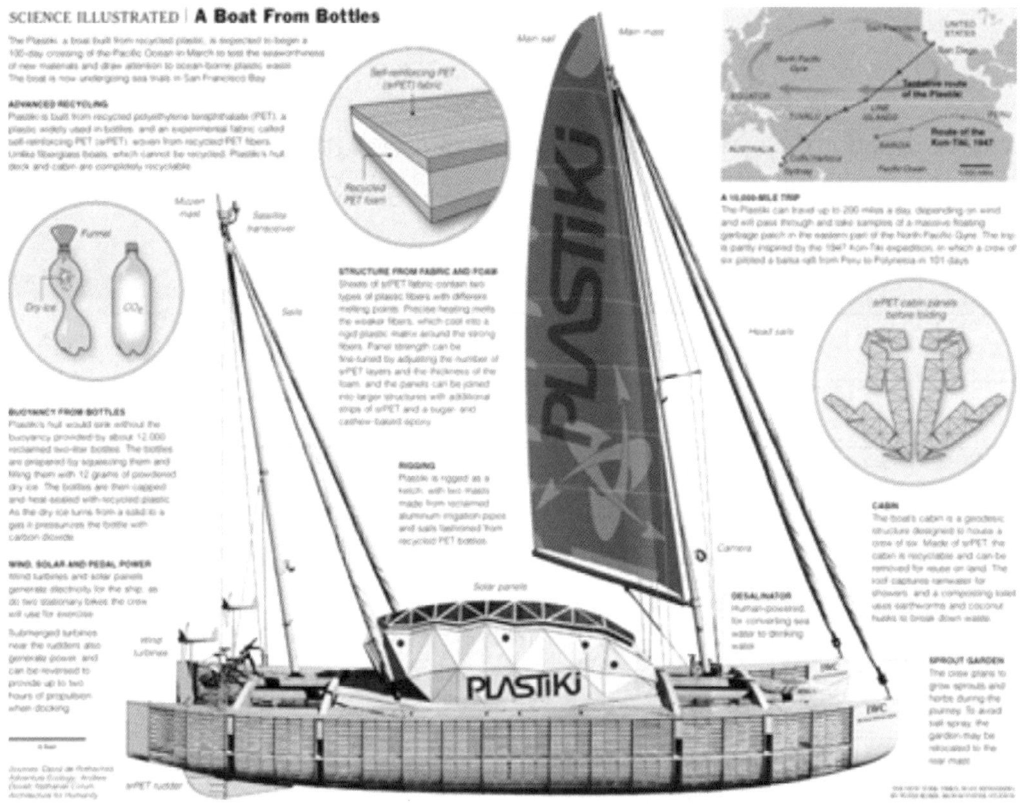

✎ ____

____

____

8) Woher bekam die Mannschaft ihr Gemüse? 1

9) Unterstreiche im Text die Orte in orange, die die Plastiki ansteuerte! Erkläre, warum gerade diese Orte angesteuert wurden! 2

____

____

© M. Reichel, M. Mandl, München 2016/17 - Jede Vervielfältigung ohne schriftliche Zustimmung ist unzulässig.

10) a) Wo sammelt sich das Plastik im Meer? Wie nennt man diesen Ort? ______________________ b) Wie groß ist dieser Ort? ______________________ c) Für wie viele Jahre hängt das Plastik in dem Strudel fest? ______________________	3
11) Ergänze den Satz! Während die Plastiki ____________ unterwegs war, wurden ______________________ ______________________ in den USA verbraucht.	2
12) Unterstreiche im Text in hellblau, was mit der Plastiki nach der Reise eigentlich geschehen sollte, und wozu man sich dann entschied.	1

Viel Glück!

Von 24 Punkten hast du ________ erreicht.

© M. Reichel, M. Mandl, München 2016/17 - Jede Vervielfältigung ohne schriftliche Zustimmung ist unzulässig.

3.11 Leseprobe – Das Wunder am Prater

Das Wunder am Prater

Die Idee ist ganz einfach und wer von euch den Strom im Unterricht durchgenommen hat, der ahnt auch schon, wie es funktionieren kann. Im Grunde ist es immer dasselbe: Eine Kraft (Wasser, Wind, Dampfstrahl) wirkt auf eine Turbine, diese dreht sich und wir erhalten Strom.
Nun, wir Münchner haben auch ein solches Kraftwerk. Das Besondere daran aber ist, dass wir es nicht sehen, denn es liegt tief unter der Praterinsel.
Ganze sechs Meter unter dem Flussbett befindet sich das Herzstück des neuen Bauwerks: eine riesige Turbine in einem Tunnel, der im Juli 2010 geflutet wurde.
Eigentlich wurde es auch höchste Zeit, denn die letzten großen Stromkraftwerke in München und Umgebung stammen aus dem späten 19. bzw. frühen 20. Jahrhundert.
Bis es aber zu diesem neuen Kraftwerk kam, musste ein langer Weg beschritten werden! Es war nicht so leicht wie gedacht: Baugrube ausheben, Technik aufbauen und fertig! Nein, hier sollte es ein bisschen schwieriger sein. Die Stadtgeschichte Münchens machte den Ingenieuren einen Strich durch die Rechnung.
Das Problem begann schon mit dem Ausheben der Baugrube. Man stieß auf massive Eichenholzpfähle. „Nanu", fragte man sich, „wie kommen die denn dahin?" Die alten Stadtarchive berichten Folgendes:

In früheren Jahrhunderten wurde mit diesen Pfählen ein Kanal gebaut, der das

© M. Reichel, M. Mandl, München 2016/17 - Jede Vervielfältigung ohne schriftliche Zustimmung ist unzulässig.

königliche Brennholz transportierte, welches von der Isar in die Residenz gebracht werden musste.
Nachdem dieser Weg irgendwann überflüssig wurde, hatte man ihn mehrfach überbaut und schlussendlich einfach vergessen. Nun aber, beim Ausheben der Baugrube, wurden die Arbeiter wieder an die Münchner Geschichte erinnert und mussten sich mit diesen harten Holzpfählen auseinandersetzen. An die 30 Lastwagen haben sie mit diesem alten Holz gefüllt und auf den Weg geschickt, bevor sie graben konnten, wo sie wollten.
Doch das Holz blieb nicht das einzige Problem. Auch ein besonders harter Fels ließ das Bauwerk ins Stocken geraten.

Das eigentliche „Wunder" dieser Anlage aber ist, wie bereits gesagt, dass wir das Kraftwerk nicht sehen. Die gesamte Stromerzeugung findet unter dem Fluss statt. Nur das Transformatorhäuschen, welches sich am Ufer der Isar befindet, deutet auf das Kraftwerk hin.

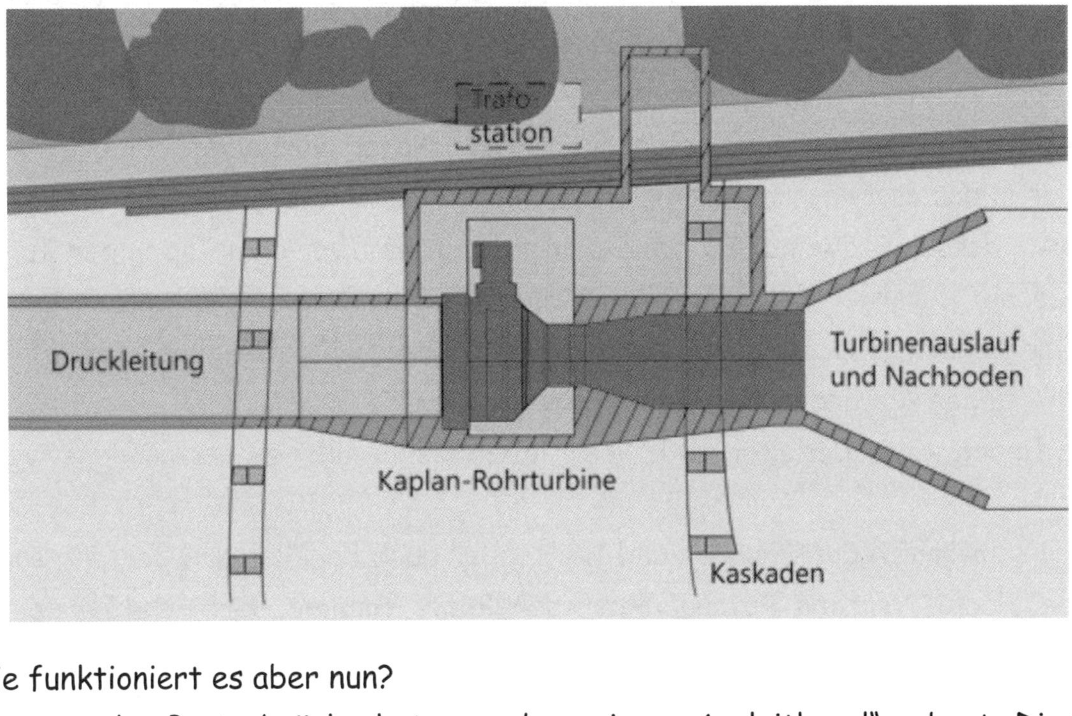

Wie funktioniert es aber nun?
Kurz vor der Praterbrücke hat man dazu einen „Ausleitkanal" gebaut. Diesem wird Wasser entnommen, das in einen 4,70 m breiten Stollen fließt. Dieses Wasser wird aber nur dann entzogen, wenn die Wasserkapazität der Isar dieses erlaubt. Alles andere würde der Umweltschutz verbieten. Es muss immer eine bestimmte Restwassermenge im Gewässerbett bleiben, so dass keine Beeinträchtigungen für die Gewässerökologie auftreten können.

© M. Reichel, M. Mandl, München 2016/17 - Jede Vervielfältigung ohne schriftliche Zustimmung ist unzulässig.

Das entnommene Wasser fließt in den Stollen in normaler Fließgeschwindigkeit, bis der Stollen dann in die Tiefe führt. Bei einem Gefälle von neun Metern nimmt das Wasser richtig Fahrt auf, um dann auf die Turbine zu treffen, die am tiefsten Punkt liegt. Hier kommt es schließlich zur Stromerzeugung wie wir sie kennen: Durch die Flussgeschwindigkeit und den Druck des Wassers fängt die Turbine an sich zu drehen und treibt einen Generator an, der Strom erzeugt. Danach wird das Wasser wieder der Isar zugeführt.

Natürlich mussten auch die Bauherren dieses Kraftwerks über die eine oder andere Umweltfrage nachdenken. Bevor das Wasser in den Stollen fließt, wird es durch einen „Rechen" gereinigt. Das Treibgut aber soll dem Fluss nicht entzogen werden und so wird es an dem „Ausleitkanal" vorbeigeführt und fließt wieder in das Isarwasser. Das gleiche Schicksal teilen die Fische, die durch den Rechen, dessen Stäbe nur 20 mm auseinanderstehen, vor dem Tod in der Turbine geschützt werden sollen. Man nennt das: „Konstruktive Fischabweisung".
Baulich werden nahe der Oberfläche und der Sohle Leitströmungen erzeugt, die Fische zu den Abwanderungsmöglichkeiten lenken.
Haie finden wir in der Isar zwar keine, aber Fische gibt es erstaunlicherweise viele.
Gerne schwimmen dort Huchen und Wels, aber auch Forellen und Barsche sowie Koppe, Hecht, Nerfling, Rotauge, Rotfeder, Rutte, Schleie, Barbe und Zander.

Sollten dennoch Fische in die Turbine geraten, so wird ihre Überlebenschance durch ein langsames Laufen der Turbine und eine geringe Flügelzahl erhöht.
Aber es wurde nicht nur über das Leben der Fische, sondern auch über das der Bäume nachgedacht. Der Eingriff in den Baumbestand am Flusslauf wurde so

© M. Reichel, M. Mandl, München 2016/17 - Jede Vervielfältigung ohne schriftliche Zustimmung ist unzulässig.

gering wie möglich gehalten und dadurch, dass sich fast alles unterirdisch abspielt, war dieser Schutzpunkt nicht weiter problematisch. Gefällte Bäume wurden wieder an anderer Stelle nachgepflanzt.

Um das Wasser der Isar nicht zu verschmutzen, werden spezielle biologisch abbaubare und nicht wassergefährdende Schmierstoffe in den Maschinen verwendet.

Du siehst, es gibt viel zu bedenken, bis man ein solches Kraftwerk erbauen kann. Manche Hürde muss genommen werden und daher können wir alle vom „Wunder am Prater" sprechen!

Text: Miriam Reichel

© M. Reichel, M. Mandl, München 2016/17 - Jede Vervielfältigung ohne schriftliche Zustimmung ist unzulässig.

Fragen zum Text:
Antworte in vollständigen Sätzen!

1) Wo entsteht das neue Kraftwerk? Benenne die Stadt, und die genaue Lage?	2
2) Um welche Art von Kraftwerk handelt es sich?	1
3) Wie tief liegt es und unter was?	2
4) Wie nennt man das Herzstück eines solchen Kraftwerkes?	1
5) Auf welches Problem stießen die Ingenieure und woher kam es? Was wurde hier früher gebaut? Hatte heute noch jemand daran gedacht?	4
6) Welches andere Problem hatten die Ingenieure noch?	1

© M. Reichel, M. Mandl, München 2016/17 - Jede Vervielfältigung ohne schriftliche Zustimmung ist unzulässig.

7) Wann etwa wurden die letzten Stromkraftwerke in und um München gebaut?	1
8) Wie nennt man den Kanal, den man gebaut hat, um das Wasser zu entnehmen, welches dann in den Stollen geleitet wird?	1
9) Wie erzeugen wir im Allgemeinen Strom? Lies genau nach!	2
10) Wie lautet der Fachbegriff dafür, wie man die Fische mit einem sehr feinen Gitter davor schützt, in die Turbine zu gelangen und sie am Ausleitkanal vorbeiführt? 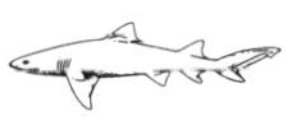	1
11) Gibt es in der Isar Haie? Schreibe mindestens drei andere Fischarten auf, die in der Isar heimisch sind!	2
12) Wie will man das Wasser vor Verschmutzung schützen?	2

Viel Glück!

Von 20 Punkten hast du _____ erreicht.

© M. Reichel, M. Mandl, München 2016/17 - Jede Vervielfältigung ohne schriftliche Zustimmung ist unzulässig.

3.12 Leseprobe - Die Draisine oder unser Fahrrad

Die Draisine oder unser Fahrrad

In diesem Jahr werdet ihr die Fahrradprüfung machen. So kam mir der Gedanke, es wäre sicherlich gar nicht so schlecht zu wissen, wo das Fahrrad herkommt oder aber wer es erfunden hat.

Ich schaute also bei Wikipedia nach, denn da, so dachte ich mir, findet man heutzutage immer, was man sucht.

„Ein **Fahrrad**," so las ich, „kurz **Rad**, schweizerisch **Velo** (vom französischen *vélocipède* = „Schnellfuß"; lateinisch *velox* = schnell und *pes* = Fuß), ist ein zumeist zweirädriges, einspuriges Landfahrzeug, das mit Muskelkraft durch das Treten von Pedalen angetrieben wird. Es wird bei höherem Tempo durch stabilisierende Kreiselkräfte der Räder sowie Gewichtsverlagerung und Lenkbewegungen des Fahrers im Gleichgewicht gehalten (*siehe auch* Fahrradfahren)." Interessant, eigentlich aber wusste ich das auch schon vorher. Vielmehr wollte ich herausfinden, wer denn auf die Idee kam, das erste Fahrrad zu bauen.

Im Internet fand ich schließlich heraus, dass schon die alten Ägypter eine Art Ein-Mann-Fahrzeug mit zwei Rädern hatten, das durch die Füße des Fahrers in Bewegung gesetzt wurden. Nun, die Ägypter waren uns früher in vielem voraus. Aber wann fingen denn die Menschen bei uns in Deutschland oder in Europa an, ein Fahrrad zu benutzen? Wikipedia sagt weiter: „Im 17. Jahrhundert scheint es erste von Menschen betriebene Fuhrwerke gegeben zu haben, die aber nur für Repräsentationszwecke (Triumphwagen) benutzt wurden.

Das erste dreirädrige Gefährt, das der Fortbewegung diente, baute sich Stephan Farfler, weil er querschnittsgelähmt war.

Im Schülerbrockhaus fand ich zu diesem Thema noch den Namen Karl von Drais und erinnere mich sofort an die Draisine, eine Art Fahrrad.

Der Aristokrat Karl Christian Ludwig Drais von Sauerbronn hat diese Draisine, im Jahre 1817 in England erbaut. Den Namen leitete er von seinem Nachnamen ab.

© M. Reichel, M. Mandl, München 2016/17 - Jede Vervielfältigung ohne schriftliche Zustimmung ist unzulässig.

Er meldete die Draisine oder einfach die Laufmaschine - ein einspuriges von Menschenkraft betriebenes Fahrzeug ohne Pedale, das als Urform des heutigen Fahrrads gilt - in Mannheim zum Patent an. Damit sicherte er sich die Rechte an dieser Form des Fahrrads. Somit kann man ihn wohl auch als einen der ersten Erfinder unseres heutigen Fahrrads ansehen.
Da das Pferdesterben zu dieser Zeit aufgrund von Futtermangel und der damals herrschenden Armut sehr groß war, bot die Draisine eine günstige Alternative der Fortbewegung.
Bei der Draisine trat man noch nicht kräftig in die Pedale, um dann über eine Kette beide Räder in Gang zu bringen, sondern man schob das Rad mit seinen Füßen an. Ähnlich den Laufrädern, die ihr vielleicht von kleinen Kindern kennt, die noch nicht Fahrrad fahren können.
Angeblich hat Karl von Drais die Erfindung des Franzosen J. N. Niepce weiterentwickelt.
Drais` Fahrrad hatte eine hölzerne Armstütze, auf die man einen Teil seines Körpergewichts verlagern konnte, während man sich mit den Füßen abwechselnd von der Erde abstieß. Der Handhebel diente der Steuerung, denn er konnte das Vorderrad um einen Drehpunkt schwenken.
Der Aristokrat Drais hoffte, das Fahrrad würde sich als viel günstigeres Fortbewegungsmittel (als z. B. das Pferd) durchsetzen. Schließlich war es aber in der Herstellung noch zu teuer. Es entwickelte sich eher zum Aristokratenspielzeug als zu einem Fortbewegungsmittel für die Allgemeinheit. Daher erhielt es auch den Spitznamen „Dandypferd". Man wollte die Adeligen damit etwas auf den Arm nehmen.
Langsam, aber stetig, breitete es sich aber übr ganz Europa aus.

Auf dieser Briefmarke fährt Freiherr von Sauerbronn auf seiner Draisine

1853 wurde das Dandypferd noch einmal wesentlich von dem deutschen Mechaniker P.M. Fischer verbessert. Am Vorderrad verankerte er eine Drehkurbel und so kamen die Pedale hinzu.
Im Laufe der Zeit machte man das Vorderrad immer größer und die Draisine wurde zum Hochrad.

© M. Reichel, M. Mandl, München 2016/17 - Jede Vervielfältigung ohne schriftliche Zustimmung ist unzulässig.

Hier befand sich die Tretkurbel noch am Vorderrad. So machte es auch Sinn, dass der Radler auf dem Vorderrad thronte, um besser an die Pedale zu kommen. Die Räder waren aus Holz und die Reifen aus Metall.
Baldiger Nachfolger war dann das Niederrad und die Pedale kamen nach hinten.
1869 geschah noch einmal etwas Revolutionäres. Das Fahrrad bekam Vollgummireifen, die Räder wurden aus leichtem Metall gebaut, die Speichen aus Stahldraht geformt.

Ab 1880 wurden schließlich beide Räder gleich groß gemacht, und das Fahrrad, wie wir es heute kennen, war geschaffen.
1888 erfand der Schotte P. Dunlop den Luftreifen. Seitdem fahren in aller Welt viele Menschen mit dem Fahrrad und wir können uns einen Alltag ohne Fahrrad kaum vorstellen.

THE DRAISINE.

Text: Miriam Reichel

© M. Reichel, M. Mandl, München 2016/17 - Jede Vervielfältigung ohne schriftliche Zustimmung ist unzulässig.

Fragen zum Text:

1) Wer kannte schon sehr früh ein Fahrzeug mit zwei Rädern? Antworte immer in ganzen Sätzen.	1
2) Wie nennt man das Rad in der Schweiz und woher kommt der Name? 	2
3) Wer hat sich als erstes ein dreirädriges Gefährt gebaut und warum?	2
4) Ergänze den folgenden Satz! Der Aristokrat Karl Christian Ludwig Drais von ____________ hat diese Draisine, im Jahre ______ in ____________ erbaut.	3
5) Warum dachte Karl Drais, dass sich sein Fahrrad sehr gut verkaufen lassen würde? 	2
6) Weshalb hat er doch nicht viele Räder verkauft? 	1

© M. Reichel, M. Mandl, München 2016/17 - Jede Vervielfältigung ohne schriftliche Zustimmung ist unzulässig.

7) Schreibe den Spitznamen auf, den das Rad von Karl von Drais hatte. ____	1
8) Kreuze richtig an! Aus der Draisine entwickelte sich das: ☐ Hochrad ☐ Niederrad ☐ Laufrad	1
9) Wo hatte das Niederrad seine Tretkurbel? ☐ schon am Vorderrad ☐ noch am Vorderrad ☐ zwischen Vorder- und Rückrad ☐ am Rückrad ☐ noch am Rückrad	1
10) Wo genau waren die Pedale an der Draisine? ☐ schon am Vorderrad ☐ noch am Vorderrad ☐ zwischen Vorder- und Rückrad ☐ schon am Rückrad ☐ noch am Rückrad ☐ es gab keine Pedale	1
11) Warum nannte man die Draisine auch Aristokratenspielzeug? Unterstreiche den Satz, in dem das Wort „Aristokratenspielzeug" steht.  ____ ____	2
12) Was veränderte der Mechaniker Fischer an dem Fahrrad? ____	1
13) Was bedeutet das Wort „thronte", kreuze richtig an! ☐ unbequem sitzen ☐ hoch erhaben sitzen ☐ bequem sitzen ☐ unbequem liegen ☐ liegen ☐ hoch zu Ross sitzen	1

© M. Reichel, M. Mandl, München 2016/17 - Jede Vervielfältigung ohne schriftliche Zustimmung ist unzulässig.

14) Schreibe zu jedem Bild, wie das jeweilige Gefährt heißt! 3

THE DRAISINE.

____

____

____

15) Wer erfand den Luftreifen? 1

____

16) Finde im Text andere Wörter für: 3

Gefährt: ____________________

Pedal: ____________________

Adeliger: ____________________

Viel Erfolg

Von 26 Punkten hast du ______ erreicht.

© M. Reichel, M. Mandl, München 2016/17 - Jede Vervielfältigung ohne schriftliche Zustimmung ist unzulässig.

3.13 Leseprobe – Das Mädchen, dem es immer kalt war

Das Mädchen, dem es immer kalt war

Es war einmal ein kleines Mädchen. Es lebte mit seinen Eltern in einem wunderschönen Haus und wurde von ihnen wie eine Prinzessin behandelt. Das Mädchen war das einzige Kind der Eltern und sie liebten es über alles.
Dem Mädchen mangelte es an nichts. Es hatte allen Grund, das glücklichste Kind der Welt zu sein. Es war ihm aber immer kalt. Wo immer es war, fror es. Die Mutter ließ ihm besondere Unterwäsche aus warmem Kaschmir anfertigen.
Die Pullover des Mädchens wurden besonders dick gestrickt, und seine Stiefel waren mit Lammfell gefüttert. Trotzdem fühlte das Mädchen immerzu eine Kälte.
Obwohl es sich langsam daran gewöhnte, war seine Mutter dauernd damit beschäftigt, wärmere Kleidung für das Kind zu bekommen. Es war fast zu einer Lebensaufgabe der Mutter geworden. Die Bediensteten waren angehalten, immer besonders gut zu heizen. All das half aber nichts. Das kleine Mädchen ging weder zur Schule noch verließ es oft das Haus. Seine Lehrer kamen zu ihm ins Haus, wo der Unterricht direkt vor dem flackernden Kaminfeuer stattfand.
Eines Tages aber musste die Mutter das Kind mit zum Arzt nehmen.
Dieser konnte die Mutter beruhigen und bestätigte, dass dem Kind nichts fehlte.
Die Mutter wollte kurz mit dem Arzt unter vier Augen sprechen. Der Arzt schlug dem Mädchen vor auf den Markt zu gehen.

Etwas abseits vom Treiben entdeckte es ein kleines Kind. Den langen Zöpfen nach zu urteilen war es wohl auch ein Mädchen, seine Kleidung sah allerdings nicht sehr mädchenhaft aus. Das Mädchen, das immer fror, ging näher an das Kind heran, bis dieses fragte:
„Hast du etwas zu essen für mich?"
„Natürlich trage ich kein Essen mit mir herum!", antwortete das Mädchen forsch. „Warum sollte ich? Sag deiner Mutter, wenn du Hunger hast!"

© M. Reichel, M. Mandl, München 2016/17 - Jede Vervielfältigung ohne schriftliche Zustimmung ist unzulässig.

„Meine Eltern sind tot“, flüsterte das Mädchen.
„Dann frag deine Bediensteten! Lass dir etwas kochen! Aber frag doch nicht wildfremde Menschen! Was hast du nur für ein Benehmen!"
„Ich habe niemanden, den ich fragen kann." Das Kind sah der kleinen Prinzessin tief in die Augen. Dieser wurde noch kälter als sonst und sie machte sich schnell auf den Weg. Sie wanderte von Stand zu Stand und sah sich die vielen Waren an. Es gab überall leckeres Brot, geräuchertes Fleisch, frischen Käse, viel Obst und Gemüse.
Während sie all die Köstlichkeiten betrachtete, wurde es ihr immer kälter und kälter. So rannte sie schnell zum Arzt zurück, vorbei an dem Kind, und obwohl sie rannte, wurde es ihr noch kälter. Zitternd vor Kälte kam sie beim Arzt an. Besorgt sah die Mutter ihre Tochter an und versuchte, deren Hände warm zu reiben.
Der Arzt hingegen war ganz ruhig und fragte, was sie erlebt hätte? Normalerweise fragte man sie nie, was geschehen sei, denn es gab ja auch nicht viel, was in ihrem Haus passierte. Etwas erstaunt erzählte das Kind. Dabei wurde es ihm plötzlich wärmer. Der Arzt fragte: "Warum hast du dem armen Mädchen nichts gegeben? Ich habe es auch schon einmal gesehen."
„Soll es doch in ein Waisenhaus gehen! Dafür sind diese doch da!", fuhr die Mutter den Arzt an. Der Arzt hingegen antwortete: „Vielleicht wäre es eine schöne Erfahrung, dem Kind etwas zu schenken. Ich bin mir sicher, ihrer Tochter würde es ganz warm ums Herz."
Die Mutter war zwar sehr irritiert von den Worten des Arztes, aber sie sagte leise: „Wenn dies ihre Empfehlung ist, dann tun wir das."
Das Mädchen führte seine Mutter auf den Markt und zeigte ihr die verschiedenen Stände. Gemeinsam überlegten sie, was sie wohl für das Kind kaufen konnten? Das Mädchen wurde sehr aufgeregt und es machte ihr großen Spaß, Brot und Käse für das Waisenkind auszuwählen. Es lief von Stand zu Stand um zu sehen, ob es alles für das Geschenk beisammen hatte. Plötzlich lachte es und sagte zu seiner Mutter: „Ach Mutter, sind wir dumm! Wir haben ganz vergessen, etwas zu Trinken zu kaufen! Jeder hat einen großen Durst nach dem Essen!"
Die Mutter erstarrte.

© M. Reichel, M. Mandl, München 2016/17 - Jede Vervielfältigung ohne schriftliche Zustimmung ist unzulässig.

„Was hast du?", fragte sie die Tochter erschrocken.
„Nun weiß ich, was mir all die Jahre gefehlt hat!"
„Was?"
„Dein Lachen."
Erstaunt sah das Mädchen zu seiner Mutter auf, der Tränen über das Gesicht liefen.
„Nicht weinen! Der Tag ist viel zu schön! Lass uns zu dem Waisenkind gehen."
Das Mädchen nahm seine Mutter an die Hand und die Mutter spürte zum ersten Mal, dass diese nicht eiskalt war. Gemeinsam gingen sie zu dem Mädchen und gaben ihm ihre Einkäufe. Das Kind war sehr erstaunt.
„Wir haben dir etwas zu essen gekauft. Wie heißt du eigentlich?"
„Anna."
„Mami", fragte das Mädchen, „meinst du nicht, Anna sollte mit zu uns kommen und sich erst einmal baden, bevor sie essen kann? Niemand möchte so schmutzig essen, oder?"
„Es tut mir leid, dass ich so schmutzig bin", wisperte das Kind.
„Es ist nicht dein Fehler, dass deine Eltern gestorben sind. Du musst dich nicht entschuldigen", sagte die Mutter. „Komm mit zu uns und nimm ein Bad!"
„Das kann ich leider nicht. Aber vielen Dank für Ihr Angebot."
„Warum?", fragte das Mädchen Anna entgeistert. „Du hast mich doch vorhin um Hilfe gebeten?"
„Ja", antwortete Anna fast lautlos.
„Warum also?"
„Ich kann nicht weg von hier. Mein Bruder liegt gleich hinter dem Baum. Er ist noch ein Baby. Ich kann ihn nicht alleine lassen."
„Ich wünsche mir schon lange wieder ein Baby auf den Arm nehmen zu können", entgegnete die Mutter. „Natürlich nehmen wir deinen Bruder mit. Auch er wird sich über ein Bad freuen - und über eine warme Milch!"
Alle machten sich auf den Weg zum Auto und der erstaunte Chauffeur brachte die vier nach Hause. Anna machte große Augen, als sie das Haus sah. Nervös ging sie neben dem Mädchen her, das sie an die Hand genommen hatte. Die warme Hand beruhigte sie.

© M. Reichel, M. Mandl, München 2016/17 - Jede Vervielfältigung ohne schriftliche Zustimmung ist unzulässig.

Nachdem sie gebadet und gegessen hatten, und die Mutter schnell ein paar Babysachen von ihrer Tochter herausgesucht hatte, die auch ein Junge tragen konnte, hatte sie ein frisch gebadetes, gewickeltes und warm angezogenes Baby im Arm.

Das Mädchen hatte seine Mutter schon lange nicht mehr so zufrieden gesehen. Schnell nahm es Anna an der Hand und spielte mit ihr. Sie lachten den ganzen Nachmittag.

Immer wieder sah die Mutter erstaunt in das Zimmer hinein. Es war der schönste Tag im Leben ihrer Tochter - und der erste, an dem sie nicht fror!

Langsam wurde es dunkel und Anna wurde unruhig.

„Was hast du?", fragte die Mutter.

„Ich muss für mich und Maximilian einen Platz zum Schlafen finden."

„Warum könnt ihr denn nicht ins Waisenhaus?"

„Wir können nicht zusammen ins Waisenhaus. Ich bin schon zu alt und mein Bruder ist zu klein. Ich habe meiner Mutter am Sterbebett versprochen auf meinen Bruder aufzupassen. Ich kann ihn nicht verlassen, er ist das Einzige, was ich habe."

„Aber ihr könnt beide für immer bei uns bleiben! Noch nie habe ich meine Tochter so glücklich gesehen. Ihr beide seid unser großes Glück", strahlte die Mutter.

Endlich gab es wieder Lachen im Haus. Die Eltern waren nicht mehr unglücklich, dass sie nur ein Kind bekommen konnten, und schaukelten den Babyjungen zufrieden in ihren Armen. Ihr kleines Mädchen fror nicht mehr und war nie mehr alleine. Und die beiden Waisenkinder lebten glücklich in ihrer neu gefundenen Familie. Das Lachen verließ nie wieder das Haus!

Text: Miriam Reichel 2016

© M. Reichel, M. Mandl, München 2016/17 - Jede Vervielfältigung ohne schriftliche Zustimmung ist unzulässig.

Fragen zum Text:

1) Was weißt du über das Mädchen, von dem der Text handelt? Nenne drei Dinge, die du erfährst.	3
2) Was macht die Mutter, damit es dem Kind nicht kalt ist? Nenne drei Dinge, die sie tut.	3
3) Was sagt der Arzt, was dem Kind fehlt? Wo schickt der Arzt das Kind hin, um mit der Mutter zu sprechen?	2
4) Als das Mädchen zurückkommt, macht der Arzt etwas Besonderes für das Mädchen. Was? Warum ist es besonders?	2

© M. Reichel, M. Mandl, München 2016/17 - Jede Vervielfältigung ohne schriftliche Zustimmung ist unzulässig.

5) Das Kind trifft auf dem Markt ein Mädchen, das es nach Essen fragt. Wie reagiert es?	1
6) Warum können die Eltern nicht für das Kind kochen?	1
7) Das Kind sah der kleinen Prinzessin tief in die Augen. Was passiert dann? Wie kam sie beim Arzt an? Unterstreiche im Text.	2
8) Was fragt der Arzt das Mädchen?	1
9) Unterstreiche im Text, was die Mutter darauf zum Arzt sagt, und wie er antwortet.	1
10) Wie ist die Reaktion der Mutter? Nenne zwei Adjektive, die ihr Verhalten in der Antwort an den Arzt beschreiben.	2
11) Der Arzt empfiehlt der Mutter etwas. Was machen Mutter und Tochter daraufhin? Wie reagiert das Mädchen?	2
12) Warum weint die Mutter?	1

© M. Reichel, M. Mandl, München 2016/17 - Jede Vervielfältigung ohne schriftliche Zustimmung ist unzulässig.

13) Wie endet die Geschichte? ____________________ ____________________ ____________________	1
14) Was denkst du möchte dir die Geschichte sagen? ____________________ ____________________ ____________________ ____________________ ____________________ ____________________	2

Von 24 Punkten hast du ____ erreicht.

© M. Reichel, M. Mandl, München 2016/17 - Jede Vervielfältigung ohne schriftliche Zustimmung ist unzulässig.

3.14 Leseprobe - Warum Schlaf so wichtig für mich ist

Warum Schlaf so wichtig für mich ist

Jeden Abend gibt es dieselbe Diskussion. Ich würde gerne noch etwas länger aufbleiben, vielleicht etwas fernsehen, wenn es sein muss auch ein Buch lesen oder aber mit meiner Freundin telefonieren. Doch jeden Abend pünktlich um Viertel vor Acht höre ich meine Mutter rufen: „Lena, mach dich fertig für's Bett!" An manchen Abenden hängt sie noch ein: „Zähneputzen nicht vergessen und wasch dir die Hände und das Gesicht!" daran, dennoch die Botschaft ist immer die Gleiche: Um 20:00 Uhr hast du im Bett zu liegen!

Wer hatte denn diese Idee? Ich meine, man kann doch noch sein ganzes Leben im Bett liegen! Was genau soll ich um 20:00 Uhr im Bett tun?

Wenn ich meiner Mutter diese Frage stelle, so sagt sie immer: „schlafen". Manchmal sage ich dann: „Schlaf doch selbst!" Dann antwortet sie: „Das mache ich auch! Und zwar dann, wenn ich endlich all meine Aufgaben erledigt habe: Sobald ich die Küche aufgeräumt, den Frühstückstisch gedeckt, die Waschmaschine ausgeräumt, und schließlich die Wäsche in den Trockner getan habe. Damit ist es jedoch nicht getan. Erst wenn etwa eine Stunde später alles fertig ist und ich den Trockner geleert, die Wäsche zusammengelegt und in unseren Schränken verstaut habe, und wirklich nichts mehr erledigt werden muss, dann gehe auch ich ins Bett! Und zwar liebend gern!"

„Wozu denn?", frage ich genervt nach.

„Um noch schöner zu werden! Außerdem ist es sehr gesund! Ich lege mich hin, denke an etwas Schönes, und schon bin ich im Tiefschlaf! Im Tiefschlaf ist man eigentlich nur die zwei Stunden nach dem Einschlafen. Der Puls und das Herz schlagen langsamer und obwohl der Körper immer noch sehr aktiv ist, erhole ich mich blendend.

© M. Reichel, M. Mandl, München 2016/17 - Jede Vervielfältigung ohne schriftliche Zustimmung ist unzulässig.

Meine Muskeln entspannen, einige Zellen erneuern sich, der Blutdruck sinkt ab und unsere Atmung wird langsamer und gleichmäßig. Wichtig vor allem für dich ist, dass unsere Hormone besonders in der Nacht arbeiten. Das gilt insbesondere für das Wachstumshormon, das für dich noch sehr wichtig ist. Auch regenerieren sich unsere inneren Organe in der Ruhephase.

Nach der Tiefschlafphase kommen wir in die Traumphase. In einer Nacht hast du bis zu acht Traumphasen. Diese Phase dauert nur einige Minuten. In diesen Traumphasen werden die Ereignisse des Tages verarbeitet, oder Dinge, die dich beschäftigen. Die Träume entstehen im Gehirn wenn es sich ausruht. Diese Träume können dir zeigen, was dich im tiefsten Inneren bewegt. Manchmal träumen wir aber auch belanglose Dinge, über die wir nur nachgedacht, oder die wir irgendwo gesehen haben und nicht weiter Zeit hatten, sie zu verfolgen. Nicht jeder Traum ist wichtig, die Entspannung des Gehirns schon. In dieser Traumzeit laufen viele Vorgänge im Körper ebenso intensiv ab so als wärst du wach.

In dieser Zeit wird ein Großteil deines Wachstumshormons hergestellt. Da du dich mitten in deiner Wachstumsphase befindest, ist dies für dich besonders wichtig. Du solltest also nicht jammern, wenn du früh ins Bett musst, sondern dich freuen, dass du früh ins Bett darfst. Somit hat dein Körper Zeit zu wachsen. Je älter man wird, desto weniger Schlaf benötigt man. Hier ist eine interessante Tabelle in dem Buch, das ich gerade gelesen habe. Schau!"

© M. Reichel, M. Mandl, München 2016/17 - Jede Vervielfältigung ohne schriftliche Zustimmung ist unzulässig.

Wie viel Schlaf braucht der Mensch?

Ein- bis vierjährige Menschen benötigen etwa 12 Stunden Schlaf.
Fünf- bis Achtjährige immer noch elf Stunden.
Neun- bis Zehnjährige benötigen etwa zehn Stunden.
Elf bis 15-Jährige dann nur noch neun Stunden.
Der erwachsene Mensch sollte immer noch acht Stunden täglich schlafen.

„Warum brauche ich dann so viel mehr Schlaf als du?"
„Wie ich schon vorhin erklärt habe, erholt sich das Gehirn im Schlaf. Besonders Babys machen am Tag viele Erfahrungen und erleben alle möglichen Dinge, die sie vorher noch nie gesehen haben. Daher benötigen sie auch besonders viel Schlaf, denn sie müssen die Eindrücke des Tages verarbeiten und sich erholen. Babys schlafen daher meistens bis zu 20 Stunden! Auch du hast das gemacht, meine Kleine!"

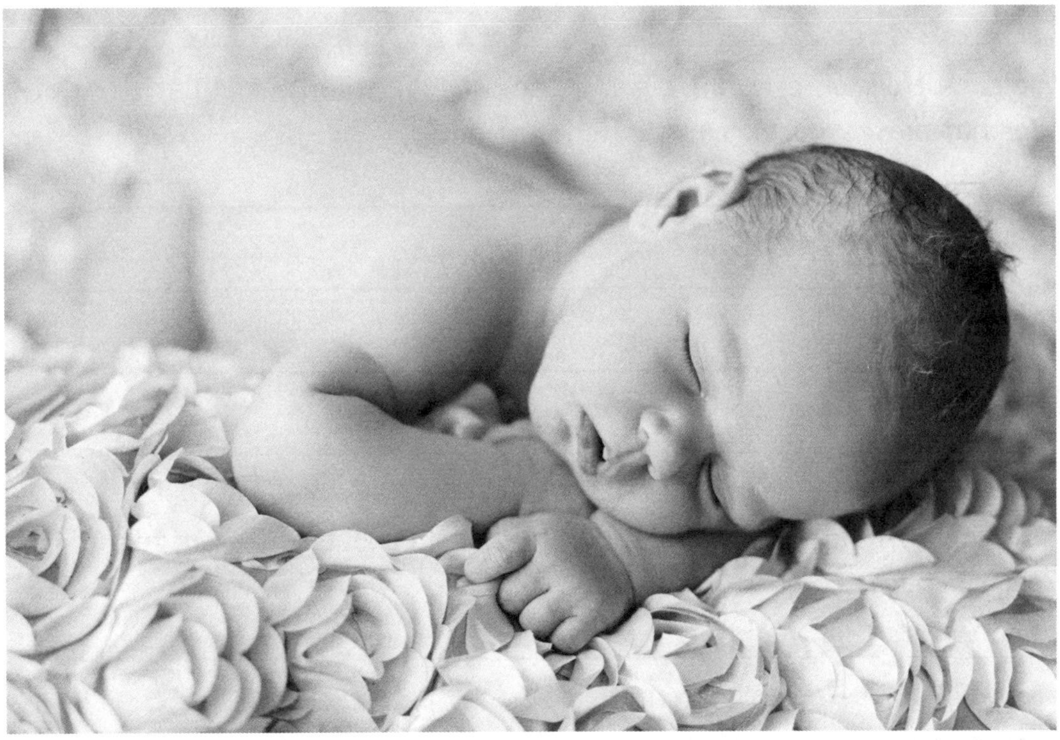

Text: Miriam Reichel 2016

© M. Reichel, M. Mandl, München 2016/17 - Jede Vervielfältigung ohne schriftliche Zustimmung ist unzulässig.

Fragen zum Text:
Antworte in vollständigen Sätzen

1) Welche Diskussion entsteht jeden Abend? ______________________________ ______________________________	1
2) Aus welchem Grund ist dies ein Diskussionspunkt? ______________________________ ______________________________	1
3) Was würde Lena tun, wenn sie länger aufbleiben dürfte? ______________________________ ______________________________	2
4) Welches Hormon erwähnt die Mutter, was sie wichtig für Lena findet? Was hat dieses Hormon mit Schlaf zu tun? ______________________________ ______________________________ ______________________________ ______________________________	3
5) Wie viele Stunden muss ein Baby länger schlafen als ein fünfzehnjähriger Teenager? ______________________________ ______________________________ ______________________________	2

© M. Reichel, M. Mandl, München 2016/17 - Jede Vervielfältigung ohne schriftliche Zustimmung ist unzulässig.

6) Nach welcher Phase kommen wir in die Traumphase und wie viele Traumphasen haben wir in einer Nacht? ________________________________ ________________________________	2
7) Wann muss Lena ins Bett? Nimm an, sie ist zehn Jahre alt. Von wann bis wann sollte sie schlafen, damit sie genug Schlaf bekommt? ________________________________ ________________________________	3
8) Wie viele Stunden sollte denn ihre Mutter schlafen? Sie muss um 6 Uhr morgens aufstehen. Wann sollte sie dann spätestens ins Bett gehen? ________________________________ ________________________________	3
9) Warum benötigen Babys viel mehr Schlaf als Erwachsene, obwohl Erwachsene arbeiten und viele Dinge tun, aber Babys eigentlich nur liegen und sich noch nicht einmal viel bewegen? ________________________________ ________________________________ ________________________________	3

Von 20 Punkten hast du ____ erreicht.

© M. Reichel, M. Mandl, München 2016/17 - Jede Vervielfältigung ohne schriftliche Zustimmung ist unzulässig.

3.15 Leseprobe - Der Ritt kommt früher, als es Ignaz lieb ist

Der Ritt kommt früher, als es Ignaz lieb ist

Der Chemiker und sein Laborant Ignaz schlichen auf leisen Sohlen zur angrenzenden Wiese, um sich eines Pferdes zu bedienen, oder dieses zu entleihen, um den langweiligen Alltag des Tieres ein wenig aufzufrischen.

„Welches willst du?", flüsterte Livinius.

„Na das, auf dem schon einmal jemand länger als eine Minute saß!", antwortete Ignaz mit zittriger Stimme.

„Woher soll ich das denn wissen? Denkst du, ich schau andauernd zum Fenster hinaus, um zu sehen, was die ollen Zossen draußen machen?"

„Ja, vielleicht hättest du dich darum kümmern sollen, bevor du mir den Vorschlag machtest, eines dieser Tiere zu besteigen. Oder glaubst du, ich will es heute Nacht einreiten?"

„Gut, gut, lass uns nicht stundenlang diskutieren, es führt zu nichts! Das da, das Schwarze da vorne ist es, ein gutmütiger Teufel, genau das, was man bei der Hexe braucht! Das holen wir uns!"

„Wie holt man denn ein Pferd?", fragte Ignaz verunsichert.

„Du redest doch auch immer mit deiner Ratte, warum dann nicht mit einem Pferd? Wir erklären dem schwarzen Teufel höflich unser Vorhaben, und dann wird er schon alles richtig machen."

„Ach so, na dann geh doch mal hin und erkläre es ihm!"

„Wieso ich, ich bin WISSENSCHAFTLER!"

„Und ich Laborant!"

© M. Reichel, M. Mandl, München 2016/17 - Jede Vervielfältigung ohne schriftliche Zustimmung ist unzulässig.

„Also Ignazilein, ich habe hier einen Strick dabei, den binden wir an das Halfter, das der Gaul - Gott sei Dank - schon anhat. Einen Strick rechts, einen links und dann ziehst du einfach an der entsprechenden Seite und bestimmst die Richtung. Reiten ist so einfach!", meinte Livinius und sah Ignaz strahlend an.

„Sprach der, der noch nie auf einem Pferderücken saß! Aber Livinius, ich muss erst mal oben sitzen, um am Strick zu ziehen, und im Moment ist das Pferd noch am anderen Ende der Koppel."

„Du ödest mich an mit deinen Widerworten, Ignaz! Dann führe ich das Pferdchen eben, ich habe Mut!"

Livinius öffnete den Koppelzaun und schritt energischen Schrittes mit seinen kurzen Beinen über die Koppel, sah sich aber bald schon um, ob sein Laborant ihm folgte, was dieser unsicher tat. Froh zu wissen, dass er nicht alleine war, ging Livinius wieder flott voran.

Nach ein paar Minuten kamen sie in die Nähe des Tieres und verlangsamten ihren Schritt. Beide Männer gingen zögernd auf das Pferd zu, das im Mondschein ungerührt vor sich hingraste und die Herren nicht weiter zu beachten schien. Allerdings machte es jeden Schritt, den es tat, in die entgegengesetzte Richtung, so dass sich die beiden Chemiker beeilen mussten, um dem Pferd näher zu kommen.

„Livinius, das ist kein Teufel, sondern eine Stute!", erklärte Ignaz.

„Macht auch nichts, an solchen Kleinigkeiten wollen wir uns nicht aufhalten, viel mehr brauchen wir einen Plan, um das nette Wesen zu fangen. Warte mal." Und Livinius kramte in seinen Taschen. Das Pferd sah auf und kam den beiden neugierig entgegen.

© M. Reichel, M. Mandl, München 2016/17 - Jede Vervielfältigung ohne schriftliche Zustimmung ist unzulässig.

Einen kurzen Augenblick wollte Livinius schreiend davon laufen, da besann er sich seiner Mission, atmete tief durch und flüsterte Ignaz zu: „Ich habe Zucker, so was mögen die doch!". Er kramte weiter in seinen Taschen, um den Zucker hervorzuholen. Das Pferd sah ihm interessiert zu und war ungemein nah.

Langsam kam es auf den Chemiker zu und streckte ihm seine Nase entgegen.

„Ich gebe dir Zucker und dafür bringst du meinen Freund zur Hex, ist das ein Geschäft?", flüsterte der verschüchterte Livinius mit einem leichten Zittern in der Stimme.

Eilig legte er die Zuckerwürfelchen auf seine Hand und gab sie dem viel zu großen Tier. Ohne den dringenden Wunsch nach dem Gold und Silber des Königs wäre Livinius schnell davongelaufen. So aber befestigte er mit bebender Hand den Strick am Halfter und presste ein: „So macht man das!" hervor, ohne davon besonders überzeugt zu sein.

„Und jetzt?", fragte Ignaz kleinlaut.

„Jetzt führen wir es aus der Koppel, geben ihm noch ein Zuckerstückchen, setzen dich drauf und los geht's!"

„Wir geben IHR ein Zuckerstückchen", verbesserte Ignaz.

„Ja, ja, sei nicht so kleinlich", konterte Livinius und zog das Tier hinter sich über die Koppel. Das Pferd trottete wie ein braver alter Hund hinterher.

„Siehst du Ignaz, alles kein Problem. Ich habe alles im Griff."

„In der Tat", antwortete Ignaz leise und strich seine schwarzen Locken aus dem Gesicht.

Livinius führte die Stute durch das Koppeltor und stellte sie mit dem Kopf in Richtung Wald. Dann befestigte er noch einen zweiten Strick am Halfter, band beide zusammen und legte sie als Zügel um den Hals des Pferdes, jedoch nicht ohne zwei Meter zurückzuspringen, als das Tier schnaubte.

„Kein Problem, kein Problem", sagte Livinius leise, „so ich mache eine Räuberleiter, du schwingst dich hoch. Die Richtung habe ich schon eingestellt. Du musst nur noch sitzen bleiben, mehr nicht."

© M. Reichel, M. Mandl, München 2016/17 - Jede Vervielfältigung ohne schriftliche Zustimmung ist unzulässig.

„In der Tat", antwortete der Laborant.

„Nun komm doch mal näher! Mit einem Meter Abstand kommst du nicht auf einen Gaul! Du meine Güte!", wetterte Livinius.

„In der Tat, in der Tat", flüsterte der große, schlaksige Mann. Er rückte näher und stieg mit seinem Fuß auf die dargereichte Hand. Mit seinen langen, dünnen Beinen schwang er sich auf das dunkle, große Tier.

Dabei nahm er jedoch so viel Schwung, dass er fast auf der anderen Seite wieder heruntergefallen wäre, wenn er sich nicht gerade noch am Hals des Pferdes festhalten konnte. Der Stolz, nun doch oben zu sitzen, war ihm anzusehen. Livinius nutzte die Gunst der Stunde noch für ein paar kleine Tipps, und führte das Tier in Richtung des dunklen Waldes.

„Ich glaube, du musst jetzt ein bisschen schneller reiten Ignaz, sonst schaffst du es nicht bis morgen früh. Wenn du soweit bist, hau ich einmal auf den dicken Pferdehintern und dann macht ihr euch schleunigst auf den Weg."

„Lieber nicht Livinius", piepte Ignaz unsicher.

„Ich führe dir jetzt nicht das Pferd zur Hexe, dann hätte ich ja gleich selbst gehen können. Stell dich nicht an und red' nicht so viel!" Noch ehe Ignaz sich wehren konnte, schlug Livinius mit seinem Stock auf den Pferderücken. Ignaz konnte sich gerade noch festhalten und hörte seinen Freund, der mit dem Stock in der Luft wedelte, rufen: „Ich habe mal gelesen, immer nach hinten lehnen im Galopp!"

Livinius ging zufrieden nach Hause. Allein der Anblick des dunklen Waldes reichte aus, ein Unbehagen in ihm zu wecken.
Gut, dass ein anderer diese Dinge für ihn tat!

Auszug aus: M. Reichel, Livinius

© M. Reichel, M. Mandl, München 2016/17 - Jede Vervielfältigung ohne schriftliche Zustimmung ist unzulässig.

Fragen zum Text:
Antworte in ganzen Sätzen.

1) Wer geht zur Wiese und was wollen sie tun?	2
2) Welches Pferd möchte Ignaz am liebsten haben? 	1
3) Welche anderen Wörter werden im Text auch für **Pferd** verwendet? Finde alle und unterstreiche sie grün, schreibe vier auf!	9
4) Beschreibe, wie Livinius Ignaz das Reiten erklärt!	2
5) Welchen Tipp gibt Livinius Ignaz noch ganz am Schluss zum Reiten? Was soll Ignaz im Galopp tun? Unterstreiche den entsprechenden Satz in gelb! 🕮	2

© M. Reichel, M. Mandl, München 2016/17 - Jede Vervielfältigung ohne schriftliche Zustimmung ist unzulässig.

6) Kennt sich Livinius mit Pferden aus und ist er mutiger als Ignaz? Was denkst du? Antworte in ganzen Sätzen.	1
7) Wie holt man nach Livinius' Ansicht ein Pferd von der Koppel? Unterstreiche die entsprechenden Sätze in **hellblau!**	1
8) Was macht das Pferd, als die beiden auf es zugehen und was tut Livinius, damit es kommt? 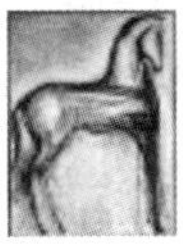	2
9) Wohin soll Ignaz reiten?	1
10) Suche den folgenden Satz im Text. Unterstreiche ihn mit Füller und ergänze die Lücken! „Ich führe dir jetzt nicht das __________ zur ____________, dann hätte ich ja gleich ______________ gehen können. Stell dich nicht an und red' nicht __________!"	2
11) Pferde können auf verschiedene Arten „gehen". Man nennt diese Arten Gangarten. Es wird aber nur von einer Gangart in dem Text gesprochen. Welcher? Der ___________________________ wird erwähnt.	1

Viel Glück

Von 24 Punkten hast du ________ erreicht.

© M. Reichel, M. Mandl, München 2016/17 - Jede Vervielfältigung ohne schriftliche Zustimmung ist unzulässig.

3.16 Leseprobe - Joanne K. Rowling

Joanne K. Rowling

Joanne K. Rowling - wir alle haben schon einmal von ihr gehört, gelesen oder einen Film gesehen, der auf einem ihrer Bücher beruht hat. Joanne K. Rowling ist auf der ganzen Welt bekannt.

Rowling ist unter den Schriftstellern der Weltgeschichte die Erste, die mit ihren Werken eine Milliarde US-Dollar verdiente. Aber das alleine machte sie nicht bekannt. Vielmehr die Erfindung ihrer Hauptfigur, Harry Potter, einem Waisenkind, das in einer Zauberschule aufwächst und in sieben Bänden, gegen das Böse kämpft.
Joanne wurde am 31. Juli 1965 in Yate, South Gloucestershire, England geboren und las schon als Kind sehr gerne und viel.

Ihre erste Geschichte schrieb sie schon im Alter von fünf Jahren über ein Kaninchen. Bereits in diesem Alter wusste Joanne, dass sie Schriftstellerin werden wollte. Oft erzählte sie ihrer zwei Jahre jüngeren Schwester Diane Geschichten. Joanne war ein schüchternes Kind und liebte in der Schule besonders die sprachlichen Fächer, nicht aber Mathematik.

Die spätere Romanfigur Hermine Granger (aus Harry Potter) entspricht dem Bild, das die Schriftstellerin damals von sich selbst hatte, sowohl äußerlich als auch charakterlich. Sie bezeichnete sich selbst als intelligentes Mauerblümchen mit Begabung zum Lehren und **Belehren**.

Nach ihrem Schulabschluss 1983 studierte sie Französisch und Klassische Altertumswissenschaft an der University of Exeter. Aufgrund eines Hangs zu alten Sprachen, sind die Zaubersprüche aus Harry Potter, dem lateinischen angelehnt.
Nachdem Rowling 1987 ihr Studium abgeschlossen hatte, zu dem unter anderem ein einjähriger Aufenthalt als Englischlehrerin in Paris gehörte, übte sie verschiedene Bürotätigkeiten aus; unter anderem arbeitete sie zwei Jahre bei Amnesty International in London.

Direkt nach ihrem Studium schrieb sie zwei Romane für Erwachsene, die sie aber später vernichtete und die nie veröffentlicht wurden.

© M. Reichel, M. Mandl, München 2016/17 - Jede Vervielfältigung ohne schriftliche Zustimmung ist unzulässig.

1990 kam ihr während einer Zugfahrt die Idee zu Harry Potter und Joanne begann ihren ersten Band in einem kleinen Café „The Elefant House". Von Anfang an war ihr klar, dass es eine siebenbändige Buchreihe werden sollte.

Rowling zog 1991 nach Portugal und unterrichtete dort halbtags an einer Schule und widmete sich voll und ganz ihrem ersten Harry Potter Band. Im darauffolgenden Jahr heiratete sie ihren Freund Jorge Arantes.

Nachdem 1993 ihre erste Tochter geboren worden war, trennten sich Rowling und Arantes im November desselben Jahres. Rowling ging nach Großbritannien zurück. Als **alleinerziehende** Mutter eines Kleinkindes lebte sie damals von Sozialhilfe, während sie weiter an ihrem ersten Buch arbeitete.

Sie bot ihr Buch bei sehr vielen Verlagen an, erhielt jedoch ein Jahr lang nur Absagen. Schließlich nahm ein Verlag, der sie zuvor schon einmal abgelehnt hatte, das Buch doch an. Gleichzeitig wurde ihr jedoch empfohlen, sich einen Job zu suchen, um ihren Lebensunterhalt zu sichern. So begann Rowling wieder zu unterrichten.

Am 26. Juni 1997 wurde „Harry Potter und der Stein der Weisen" mit einer Startauflage von 500 Exemplaren veröffentlicht[1]. Die erste Auflage erschien unter dem gekürzten Namen J.K. Rowling, da man **Bedenken** hatte, ob Jungen das Buch eines weiblichen Autors lesen würden.

Band 2 „Harry Potter und die Kammer des Schreckens" wurde von Rowling bereits kurz nach Erscheinen des ersten Bandes vollendet und kam 1998 heraus. Bereits die ersten beiden Bände verkauften sich gut , aber erst nach Erscheinen des dritten Bandes (Harry Potter und der Gefangene von Askaban, 1999) wurde die Weltöffentlichkeit endgültig auf Rowling aufmerksam.

Der im Jahr 2000 verlegte vierte Band „Harry Potter und der Feuerkelch" erschien in einer Rekord-Erstauflage von einer Million in Großbritannien und 3,8 Millionen in den USA.

[1] Siehe www.bloomsbury.com

© M. Reichel, M. Mandl, München 2016/17 - Jede Vervielfältigung ohne schriftliche Zustimmung ist unzulässig.

2000 verkaufte Rowling alle Vermarktungs- und Filmrechte an Time Warner, behielt sich jedoch die Verlagsrechte sowie ein Mitspracherecht bei den Filmen vor. So wollte sie z. B. nicht, dass Harry Potter ein Trickfilm wurde.[2] Nach seiner Premiere in London am 16. November 2001 wurde der Film „Harry Potter und der Stein der Weisen" zu einem riesigen Kinohit.

J.K. Rowling heiratete Dr. Neil Murray am 26. Dezember 2001 im Rahmen einer privaten Trauung in ihrem Landhaus in Schottland.
Als sie sich kennenlernten, arbeitete Dr. Murray als Senior House Officer (Jungassistent) in einem Krankenhaus in Edinburgh, mittlerweile jedoch praktiziert er als Arzt für Allgemeinmedizin.
Die Tatsache, dass sie heiratete und noch ein zweites Kind bekam, verzögerte den fünften Harry Potter Band.

„Harry Potter und der Orden des Phönix" erschien im Juni 2003 mit noch höheren Startauflagen als Band 1.
2005 wurde sie ein drittes Mal Mutter und „Harry Potter und der Halbblutprinz" erschien.

Am 11. Januar 2007 beendete Rowling die Arbeit am siebten und letzten Band der Erfolgsreihe - „Harry Potter und die Heiligtümer des Todes".
Bis heute wurden die Harry-Potter-Romane in über 65 Sprachen übersetzt, darunter auch ins Lateinische und Altgriechische. Weltweit wurden rund 450 Millionen Romane verkauft.

Rowling gilt als eine der reichsten Frauen Großbritanniens, noch vor Königin Elisabeth II. 2008 erhält sie den britischen Buchpreis.
Harry Potter und die Heiligtümer des Todes - Teil II hatte am 15. Juli 2011 Premiere. Dieser Film hatte das besucherstärkste Eröffnungswochenende aller Zeiten, sowohl national als auch international, und steht zurzeit auf Platz drei der Weltrangliste.

[2] www.j.k.rolling.com

© M. Reichel, M. Mandl, München 2016/17 - Jede Vervielfältigung ohne schriftliche Zustimmung ist unzulässig.

Rowling gab ein neues Buch heraus. Dieses Mal für Erwachsene mit dem Titel: „Ein plötzlicher Todesfall", das **zeitgleich** auf der ganzen Welt Ende September 2012 erschien.

Joanne K. Rowling nutzte ihr Vermögen immer wieder, um soziale Projekte zu unterstützen. Sie schrieb ein weiteres Buch, dessen Reinerlös dem Projekt „The childrens voice" (Stimme der Kinder) zugutekommt.

Ferner spendete sie an den Pen Club [3]; unterstützt ein Legasthenieprogramm so wie viele weitere soziale Projekte, die sich in erster Linie auf Kinder oder Frauenfragen konzentrieren. Durch die vielen Spenden und hohe Steuerzahlungen gehört sie nicht mehr zu den reichsten Briten. Sie ist keine Dollar-Milliardärin mehr. Früher wurde gemunkelt, sie sei reicher als die Königin.

Am 8. Mai 2012 wurde J.K. Rowling zur Ehrenbürgerin von London ernannt.

Neuigkeiten gibt es aber auch in der Zauberei. Harry Potter ist jetzt beschäftigter Familienvater - wie er sich in dieser Rolle macht, erfahren die Leser ab Sommer 2016. Die neue Geschichte spielt 19 Jahre nach der großen Schlacht in Hogwarts. Harry Potter ist nun Mitarbeiter des Ministeriums für Magie. Seinem Sohn Albus Severus macht das Familienerbe zu schaffen. Die Leser können gespannt sein.

Text: Miriam Reichel

[3] Der Pen Club ist eine internationale Schriftstellervereinigung. Er unterstützt Schriftsteller dabei ihre Meinung zu äußern.

© M. Reichel, M. Mandl, München 2016/17 - Jede Vervielfältigung ohne schriftliche Zustimmung ist unzulässig.

Fragen zum Text:

1) Wann und in welchem Land wurde J.K. Rowling geboren? __________ __________	2
2) Warum wollte der Verlag das Buch nicht mit Ihrem Vornamen veröffentlichen? __________ __________	1
3) Wie heißt die Hauptfigur ihrer Romane und wie viele Bände gibt es davon? __________ __________	2
4) Welche Figur in Harry Potter entspricht dem Bild, das J.K. Rowling von sich selbst als Kind hatte? __________	1
5) Welche zwei Begabungen hatte sie als Kind? __________	2
6) Welches Fach mochte sie und welches nicht? __________	1
7) Was studierte sie? __________	1
8) Wie hieß das Café, in dem sie Harry Potter zu schreiben begann und wo hatte sie die Idee zu Harry Potter? __________ __________	2

© M. Reichel, M. Mandl, München 2016/17 - Jede Vervielfältigung ohne schriftliche Zustimmung ist unzulässig.

9) Welche Startauflage hatte das Buch „Harry Potter und der Stein der Weisen"? ________________________________	1
10) Welcher Band hatte eine Startauflage von einer Million in England? ________________________________	1
11) Wie heißt der letzte Band der Harry Potter Serie und wann beendete sie diesen? ________________________________ ________________________________	2
12) Was würdest du für andere tun, wenn du so viel Geld hättest? ________________________________ ________________________________ ________________________________	4
13) Erkläre folgende Begriffe aus dem Text in deinen Worten: • Sie bezeichnete sich selbst als intelligentes Mauerblümchen mit Begabung zum Lehren und **Belehren**. Belehren: ________________________________ • Als **alleinerziehende** Mutter eines Kleinkindes lebte sie damals von Sozialhilfe... alleinerziehend: ________________________________ • Die erste Auflage erschien unter dem gekürzten Namen J.K. Rowling, da man **Bedenken** hatte... Bedenken: ________________________________ • Wir alle können gespannt sein auf ihr nächstes Buch, das **zeitgleich** auf der ganzen Welt erscheinen wird. Zeitgleich: ________________________________	4

Von 24 Punkten hast du ______________ erreicht.

© M. Reichel, M. Mandl, München 2016/17 - Jede Vervielfältigung ohne schriftliche Zustimmung ist unzulässig.

3.17 Leseprobe - Die Mönchsrobben

Die Mönchsrobben

Die Mönchsrobben sind eine vom Aussterben bedrohte Robbenart, die ihren Namen tragen, da ihr Fell an ein Mönchskostüm erinnert. Ihr Bauchfell ist hell und ihr Rücken bräunlich. Sie gehören zur Familie der Hundsrobben.[4] Die Mönchsrobbe ist ein Raubtier und daher näher mit Hunden und Katzen verwandt als mit Walen oder Delphinen.[5] Es gibt drei verschiedene Arten von Mönchsrobben: die Mittelmeer - Mönchsrobbe, die Karibische - Mönchsrobbe und die Hawaii - Mönchsrobbe. Die drei Arten unterscheiden sich nur unwesentlich voneinander, obwohl Tausende von Kilometern zwischen ihnen liegen.

Robben bringen nach einer Tragezeit von neun Monaten immer nur ein einziges Jungtier zur Welt. Die Kleinen verbringen die ersten drei Wochen an Land und werden von der Mutter 40 Tage lang gesäugt, weshalb sie zur Klasse der Säugetiere zählen. Während dieser Zeit verliert das Muttertier bis zu 90 kg an Körpergewicht. Erst nach der Säugezeit schwimmen die Babys mit ihren Eltern mit und suchen selbst Nahrung.

Die Mittelmeer - Mönchsrobbe ist eine der am meisten gefährdeten Säugetiere der Welt und man zählt nur noch ca. 600 Tiere weltweit.[6] Die karibische - Mönchsrobbe gilt bereits als ausgestorben, da man zuletzt 1952 eine solche Robbe gesehen hat.[7]

Früher schwammen Abertausende dieser Tiere nicht nur im Mittelmeer, sondern auch im Schwarzen Meer und im Atlantik rund um Nordwestafrika. Heute findet man sie nur noch sicher im Gebiet um Cap Blanc, einer Landnase an der Küste Mauretaniens. Mauretanien liegt im Nordwesten Afrikas.

Afrika

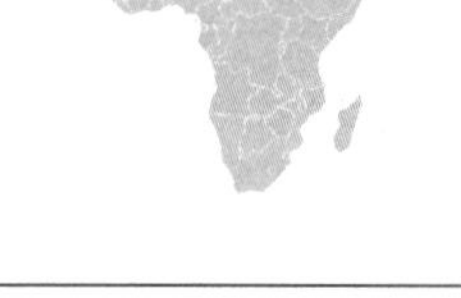

[4] http://de.wikipedia.org- Mönchsrobben
[5] www.oceancare.org
[6] Geolino Juni 2012 in Zusammenarbeit mit der Unicef
[7] www.oceancare.org

© M. Reichel, M. Mandl, München 2016/17 - Jede Vervielfältigung ohne schriftliche Zustimmung ist unzulässig.

Die Mönchsrobben sind im Durchschnitt 2,40 Meter lang und können an die 300 kg schwer werden. Die Weibchen sind kleiner und leichter.

Sie können bis zu 15 Minuten unter Wasser bleiben und so nach Fischen tauchen. Sie fressen Fische, Krebse und Tintenfische.

Heute leben diese Tiere nur noch im östlichen Mittelmeer. Vor Marokko, vor Madeira und die größte Gruppe lebt vor Mauretanien, am Cap Blanc. Dort leben wenige Menschen und die karge Wüste reicht bis zum Atlantik. Hier werden die aussterbenden Robben von Tierschützern bewacht, Fischer vertrieben und verletzte Tiere behandelt. Die Tierschützer hoffen, die Mönchsrobbe so vor dem Aussterben zu bewahren.

Gejagt wurden die Robben zwar schon immer, aber die Anzahl der Tiere nahm gerade in den letzten 50 Jahren dramatisch ab. Der Mensch nutzte ihr Fett für seine Öllampen, das Fell für Kleidung und aß ihr Fleisch.

Der Grund für das Aussterben liegt hauptsächlich in der Zerstörung des natürlichen Lebensraumes der Robben. Die Küsten werden von immer mehr Menschen besiedelt und die Robben können nicht mehr ungestört ihre Jungen aufziehen. Eine weitere Ursache liegt in der Tatsache, dass die Meere nahezu leer gefischt sind und die Robben kaum mehr Nahrung finden können.

Ferner sind unsere Meere mittlerweile so verschmutzt, dass die Robben unter anderem auch an Vergiftungen sterben oder sich schwere Verletzungen durch den Verzehr von Plastik - welches die Robben für Fische halten - zuziehen. Am Cap Blanc starben vor einigen Jahren viele Robben an einer Algenpest.

Doch nicht nur wir, die Menschen, zählen zu ihren größten Feinden sondern auch der Hai.

© M. Reichel, M. Mandl, München 2016/17 - Jede Vervielfältigung ohne schriftliche Zustimmung ist unzulässig.

Häufig gelangen die Robben auch in Fischernetze. Früher wurden sie gegessen und manch einer legte sich die Robbenflosse unter sein Kopfkissen, da dies einen guten Schlaf versprach.

Ursprünglich lebten die Robben gerne an Stränden. Da sie aber sehr menschenscheu sind, leben sie mittlerweile vorwiegend in Höhlen.

Robbenbestand	
Atlantik	
Cap Blanc (Mauretanien und Westsahara)	100 - 150 nachgewiesen
Madeira	20 - 25 nachgewiesen
Mittelmeer	
Nordafrika	20 - 40 (Schätzung)
Griechenland	200 - 250

Text: Miriam Reichel

© M. Reichel, M. Mandl, München 2016/17 - Jede Vervielfältigung ohne schriftliche Zustimmung ist unzulässig.

Fragen zum Text:

1) Woher hat die Mönchsrobbe ihren Namen? ✎ ___ ___	1
2) Welche Arten von Mönchsrobben gibt es? ✎ ___ ___	3
3) Welche Mönchsrobbenart ist bereits ausgestorben? Warum? ✎ ___	1
4) Wie viele Robben sind in Mauretanien und Westsahara nachgewiesen? ✎ ___	1
5) Wie viele Robben leben schätzungsweise noch in Griechenland? ___	1
6) Nenne drei Gründe, weshalb die Robben aussterben! • ___ • ___ • ___	3
7) Wie lange ist die Tragezeit bei Robben und wie viele kg verliert die Mutter durch das Säugen des Jungen? ✎ ___	2
8) Was zeigt die Tabelle am Ende des Textes? ✎ ___ ✎ ___ ✎ ___	1

© M. Reichel, M. Mandl, München 2016/17 - Jede Vervielfältigung ohne schriftliche Zustimmung ist unzulässig.

9) In welchem Kontinent liegt Mauretanien? ✏ ______________________	1
10) Zu welcher Klasse und welcher Familie gehört die Mönchsrobbe? ✏ ______________________	2
11) Ist die Mönchsrobbe näher mit dem Wal oder mit der Katze verwandt? (kurze Begründung) ✏ ______________________	2

Viel Erfolg!

Von 18 Punkten hast du ____________erreicht!

© M. Reichel, M. Mandl, München 2016/17 - Jede Vervielfältigung ohne schriftliche Zustimmung ist unzulässig.

3.18 Leseprobe - Asbest – Wunderfaser & Tragödie

Asbest – Wunderfaser & Tragödie

Es galt eine eiserne Regel in der Familiendynastie der Schmidheinys: Jeder, ob Sohn oder nicht, musste das Unternehmen von der Pike auf kennen lernen. Erst dann konnte er im weitverzweigten Zementimperium aufsteigen. Jeder also musste seinen Dienst in den Asbestminen absolvieren.
Genau diese Regel sollte der Familie zwar zu unendlichem Reichtum verhelfen, ihr aber auch endlosen gesundheitlichen Schaden zufügen.
Die Krankheit, die in die Familiengeschichte eingehen sollte, wurde folgendermaßen beschrieben: „Asbestbedingtes Mesotheliom, ein bösartiger Tumor, ausgelöst durch den Kontakt mit der lungenschädigenden Faser. Wird die Krankheit erkannt, hat noch niemand länger als zehn Monate überlebt. Von der Berührung mit der Faser bis zum Ausbruch der Krankheit können allerdings Jahrzehnte vergehen."
Ein weiteres Familienmitglied der Schmidheinys starb Mitte 2013, 50 Jahre nachdem es zum ersten Mal intensiven Kontakt mit Asbest hatte. Mitte 2013 musste sich auch ein anderes Mitglied, welches das Familienunternehmen führte, vor Gericht verteidigen. Er wurde in 2800 Fällen der fahrlässigen Tötung durch Asbest angeklagt.
Die Krankheit ist so tückisch, da sie erst Jahre oder Jahrzehnte später ihre Wirkung zeigt. Sie wird oft nicht in direkten Zusammenhang mit der Asbestfaser gebracht, da so viele Jahre vergehen, bis sie ausbricht.

Asbest hingegen war der Wunderbaustoff des 20. Jahrhunderts.
Asbest ist absolut hitzebeständig, isoliert hervorragend, widersteht Säuren und weist bei hoher Flexibilität eine überdurchschnittliche mechanische Festigkeit auf. Es ist haltbar für die Ewigkeit, wie der altgriechische Name Asbestos (= unvergänglich) schon besagt. Man konnte Asbest in über 3000 Baustoffen in der Schweiz finden.
Als Asbest bezeichnet man eine mineralische Naturfaser. Ihre Struktur ist sehr speziell und erinnert an eine Schneeflocke. Die Faser ist so stabil, dass sie kaum zerstörbar ist. Das Immunsystem unseres Körpers kann sie aber nicht erkennen und auch nicht abbauen. Es kommt zu Entzündungen und daraus entwickelt sich Krebs oder eine Asbestose. Heilmittel gibt es bisher keine.
Mittlerweile ist Asbest jedoch auf der ganzen Welt wegen seiner großen Gesundheitsgefahren verboten.

© M. Reichel, M. Mandl, München 2016/17 - Jede Vervielfältigung ohne schriftliche Zustimmung ist unzulässig.

Dennoch können wir auch heute noch das Material in alten Dächern, Heizlüftern oder Wänden finden. Oft wurden die Fasern auch Zement beigemischt und man könnte denken, es handele sich um einen harmlosen Baustoff.

Mit dem bloßen Auge kann niemand feststellen, ob ein Baumaterial Asbest enthält oder nicht. Nur das Mikroskop kann die schneeflockenartige Struktur erkennen und damit die Gefahr, die davon für den Menschen ausgeht.
Solange das Asbestprodukt nicht berührt wird und vollkommen intakt ist, ist es ungefährlich. Wehe aber dem, der es zerschneidet oder ein Loch in eine Wand aus Asbest bohrt. Er atmet dann die unsichtbaren Fasern ein und kann Jahrzehnte später erkranken und zum Tode verurteilt sein.

Will man ein Asbestdach entfernen, so muss man sich an eine Spezialfirma wenden. Das Material wird unter einer Plastikhaube abgebaut und danach die Luft abgesaugt. Der Asbest muss speziell entsorgt werden, denn man muss aufpassen, dass die Fasern weder in die Luft noch in das Grundwasser gelangen. Man spricht mittlerweile davon, dass die Entsorgung von Asbest ähnlich problematisch ist wie die von radioaktivem Müll.
Heute ist wissenschaftlich erwiesen, dass nicht nur Lungenkrebs durch Asbest entstehen kann, sondern acht verschiedene Krebsarten. Problematisch ist, dass unser Körper die Fasern nicht abbauen und unser Immunsystem nicht mit ihnen umgehen kann. Dadurch kommt es zu Entzündungen, die chronisch werden. Daraus entsteht dann, vereinfacht gesagt, der Krebs. Neben dem Mesotheliom, also dem Lungenkrebs, sind mittlerweile auch der Krebs des Rippenfells und der Gebärmutterkrebs als Folge von Asbest wissenschaftlich erwiesen. Die Asbestose aber stellt die bekannteste Erkrankung dar und ist als Berufskrankheit anerkannt.
Die Weltgesundheitsorganisation schätzt, dass jährlich 100.000 Menschen an den Folgen von Asbest sterben. Die Zahlen steigen an und man prophezeit, dass

© M. Reichel, M. Mandl, München 2016/17 - Jede Vervielfältigung ohne schriftliche Zustimmung ist unzulässig.

jeder 100. Europäer an den Folgen von Asbest sterben wird.
So wurde der ehemalige Wunderstoff zum Alptraum und die Milliarden, die die Familie Schmidheiny durch ihre Asbestprodukte verdiente, wurden zu tödlichen Milliarden.
In der kleinen Siedlung in der Schweiz, in der die Familie - der Hauptarbeitgeber über Generationen - lebte, wird aus Sicht der Angehörigen nicht genug thematisiert, dass immer mehr Freunde, Verwandte oder Nachbarn an der Asbestose sterben.
Der Friedhof am Hauptsitz der Eternit AG ist die letzte Ruhestätte für viele Dutzende ehemaliger Mitarbeiter.

Dem Tüftler Ludwig Hatschek, Sohn eines österreichischen Bierbrauers, wird die Erfindung von Eternit, einer Mischung aus Asbest und Zement, zugeschrieben. Im Jahre 1900 wurde es als Patent angemeldet. 1920 entdeckte Ernst Schmidheiny (1871-1935) den Stoff für sich und beteiligt sich an der Fabrikationsanlage in dem kleinen Schweizer Ort, der später zum Zentrum des Asbests werden sollte.
Die Übernahme sollte sich auszahlen, denn dem neuartigen Baustoff war ein rasanter Aufstieg beschieden: Hausfassaden, Dächer, Wandverkleidungen, Wasserrohre, Kabelschächte, Autounterstände, Baubaracken, Gartenhäuser, Abortanlagen, Stallentlüftungen, ja selbst Plakatsäulen, Schirmständer und Blumenkistchen wurden in der Folge mit Asbestzement aus den Werken der Eternit-Gruppe gefertigt.
Sein Sohn Max übernahm mit 25 Jahren den Konzern und verwandelte alles, was er in die Hand nahm, zu Gold. Er verständigte sich im Zweiten Weltkrieg mit allen Parteien und verkaufte, wo er verkaufen konnte. Ja, er belieferte beide Kriegslager, die Alliierten und die Nazis parallel.
Auch nach dem Krieg expandierte die Firma immer weiter und beschäftigte weltweit 20.000 Mitarbeiter. Viele von ihnen waren schlecht ausgebildet, und alle völlig unwissend was die gesundheitlichen Folgen anbelangte. Ohne Masken atmeten sie täglich bei ihrer Arbeit den krebserregenden Stoff ein.
Ein Familienmitglied erkannte aber langsam die Folgen des Wunderstoffes und entschied sich, „den Weg aus dem Asbest" öffentlich zu propagieren: Stephan Schmidheiny. Trotzdem bleibt auch er eine umstrittene Persönlichkeit, denn auch seine Millionen wurden mit dem Tod bezahlt.

Text: Miriam Reichel 2015

© M. Reichel, M. Mandl, München 2016/17 - Jede Vervielfältigung ohne schriftliche Zustimmung ist unzulässig.

Fragen zum Text:

1) Wie hieß die eiserne Regel der Schmidheinys und was verstehst du darunter?	2
2) Nenne fünf Produkte, in welchen Asbest verarbeitet wurde!	5
3) Wer erfand wann Asbest bzw. ließ sich die Verwendung von Asbestfasern in Baumaterialien wie Zement patentieren? Wann war das?	2
4) Welche asbestbedingten Krebsarten kennt man? Nenne mindestens zwei!	2

© M. Reichel, M. Mandl, München 2016/17 - Jede Vervielfältigung ohne schriftliche Zustimmung ist unzulässig.

5) Wie viele Menschen sterben jährlich an den Folgen von Asbest laut der Weltgesundheitsorganisation? Wovon wird künftig ausgegangen? ____________________ ____________________ ____________________	2
6) Was ist Asbest? ____________________ ____________________	1
7) Welches Familienmitglied machte alles zu Gold, was er in die Hand nahm, und an wen verkaufte er während des 2. Weltkrieges? ____________________ ____________________ ____________________ ____________________ ____________________ ____________________	2
8) Wann übernahm er das Unternehmen? ____________________ ____________________	1
9) Wie viele Mitarbeiter hatte das Unternehmen weltweit? ____________________ ____________________	1
10) Wer suchte öffentlich den Weg aus dem Asbest? ____________________ ____________________	1

Viel Erfolg!

Von 19 Punkten hast du ____________ erreicht!

© M. Reichel, M. Mandl, München 2016/17 - Jede Vervielfältigung ohne schriftliche Zustimmung ist unzulässig.

Lösungen

Das ultimative Probenbuch
Lesen
3./4. Klasse

4 Lösungen

4.1 Lösung – Der Philosoph

1) Der Text beinhaltet einige schwierige Wörter, die du aber durch den Inhalt des Textes herausfinden kannst. Kreuze an, was richtig ist! Was ist ein Tyrann? o ein sehr freundlicher und hilfsbereiter Mensch o eine Vogelart o **ein herrschsüchtiger Mensch, der seine Ziele um jeden Preis verfolgt ✔** o ein Mensch, der ein Volk regiert o eine Art Philosophie	1
2) Ein weiteres schwieriges Wort, das du aber sicherlich kennst ist eine Majestät. Wer oder was ist das? o eine Vogelart o eine Art de Vogelkäfig o **ein König und Herrscher ✔** o ein Schüler eines Philosophen	1
3) Ein weiteres Fremdwort im Text ist eine Voliere. Was ist das? o der Herrscher des Landes o der Philosoph des Landes o **der Vogelkäfig des Papageis ✔** o eine Art Papagei	1
4) Was soll der Vogel nach Wunsch des Kalifen erlernen? Der Vogel soll Homer auswendig lernen.	1
5) Um welche Aufgabe handelt es sich dabei? Kreuze an, was richtig ist! o Der Vogel soll einen Tanz erlernen. o Der Vogel soll ein kurzes, einfaches Gedicht erlernen. o **Der Vogel soll einen langen, schwierigen Text lernen. ✔**	1
6) Was wäre nach Ansicht des Philosophen die edelste Aufgabe? Der Philosoph behauptet die edelste Gabe wäre die Geduld.	1

© M. Reichel, M. Mandl, München 2016/17 - Jede Vervielfältigung ohne schriftliche Zustimmung ist unzulässig.

7) Wie viel Zeit möchte der Philosoph zur Erfüllung der Aufgabe zur Verfügung haben? Er möchte 10 Jahre Zeit haben.	1
8) Was droht man ihm an, falls der Vogel Homer in dieser Zeit nicht erlernen sollte? Er muss sterben.	1
9) Wie reagieren die Freunde des Philosophen darauf, dass er diese Aufgabe angenommen hat? Als die Freunde des Weisen von diesem tödlichen Handel erfuhren, waren sie entsetzt. Sie verstanden nicht, wie er so leichtfertig sein konnte, ein solches Versprechen abzugeben.	1
10) Warum hat der Philosoph aber keine Bedenken? Weil er glaubt, dass in zehn Jahren entweder der Tyrann, er selbst oder der Vogel gestorben ist.	1

© M. Reichel, M. Mandl, München 2016/17 - Jede Vervielfältigung ohne schriftliche Zustimmung ist unzulässig.

4.2 Lösung - Der tanzende Bär

Der tanzende Bär

Meine Eltern flogen mit mir und meinem großen Bruder Paul in diesem Jahr in den Sommerferien in die Türkei. An einem sonnigen Ferientag saßen wir in einem wunderschönen Strandcafé. Wir aßen gerade köstlichen Käse und leckere Früchte als wir plötzlich durch großen Lärm in unserem Gespräch gestört wurden.
Ich **fragte** meine Mama: „Darf ich mal sehen was da los ist?"
„Ja, geh nur aber bleib bitte in Sichtweite, Nina", **antwortete** Mama. Ich lief sofort los und lief zu der Menschenmenge. Schon stand auch Paul auf und **meinte**, „ich begleite sie und pass auch auf sie auf."
Mitten am Strand stand ein alter Mann, mit vollem, grauen Haar und einem Schnauzbart neben einem großen Käfig auf Rollen. Er führte einen riesengroßen Braunbären an einer langen, hässlichen Metallkette Der Bär tanzte und die Leute klatschten. Das sah wirklich sehr lustig aus und auch ich musste schmunzeln. Irgendwann nahm Paul meine Hand und **sagte**: „Komm, lass uns zurückgehen, nicht dass sich Mama und Papa Sorgen machen!"
Zurück am Tisch **erzählte** ich begeistert, was wir gesehen hatten. Mama **schimpfte** gleich los: „Das ist ja unerhört. Stell dir mal vor du müsstest bei 40 Grad mit einem Pelzmantel herumlaufen und auch noch tanzen!" Während sie sich weiter aufregte, **mischte** sich Paul **ein**: 'Ist ja gut Mama, Nina kann doch gar nichts dafür!" Mama holte tief Luft und **meinte**: „Du hast Recht Paul. Es tut mir leid Nina, aber ich möchte, dass ihr versteht, dass das Tierquälerei ist, auch wenn die Leute rundherum klatschen, das Tier lebt in unwürdigen Verhältnissen und muss wirklich leiden! Ein Bär gehört nicht angekettet in einen Käfig, sondern sollte artgerecht in Freiheit leben dürfen."
Ich wurde traurig und mir kullerten Tränen über die Wangen. Mama nahm mich in die Arme und tröstete mich.
Wenig später gingen wir zurück in unsere wunderschöne Hotelanlage, wo gerade der Rasen gemäht wurde und die Raben laut krähten. Nach dem Abendessen las Papa uns eine schaurige Geschichte von einem Zauberer, einem Tiger und einer Säge vor. Es dauerte nicht lange und ich schlief tief und fest.

1) Überlege dir eine neue Überschrift: Tierquälerei, Ein schöner Ferientag, Lustig aber traurig, Der Mann und der Bär	2
2) Unterstreiche alle Adjektive grün. Siehe Text alle unterstrichenen Wörter sind Adjektive →20 Stück	10
3) Schreibe alle Wörter zum Wortfeld „sagen" auf, die du im Text findest: im Text fett → fragen, antworten, meinen, einmischen, erzählen, sagen, schimpfen	7
4) Wobei war die Familie gerade, als Ninas Aufmerksamkeit durch Lärm angezogen wurde? Die Familie saß i**n einem Café** und **aß gerade köstlichen Käse und leckere Früchte** als Ninas Aufmerksamkeit plötzlich durch großen Lärm angezogen wurde.	3
5) Weshalb ist die Mutter so empört über die Geschichte ihrer Tochter? Die Mutter war empört, weil es **Tierquälerei** ist, einen **Bären bei 40 Grad Celsius tanzen** zu lassen. Das Tier lebt in **unwürdigen Verhältnissen** und muss wirklich leiden! Ein Bär gehört **nicht angekettet in einen Käfig**, sondern sollte **artgerecht in Freiheit leben** dürfen.	5
6) Hat die Mutter deiner Meinung nach Recht? Wie stehst du dazu? Ich finde die Mutter hat Recht, ein Bär sollte **weder angekettet sein, noch in einem Käfig leben** und schon gar **nicht in der Hitze tanzen** müssen, sondern in **Freiheit im kühlen Wald artgerecht leben dürfen**. → Du darfst eine beliebige Meinung haben, sie sollte aber verständlich begründet sein.	3

© M. Reichel, M. Mandl, München 2016/17 - Jede Vervielfältigung ohne schriftliche Zustimmung ist unzulässig.

4.3 Lösung - Wie unheimlich

1) Petras Eltern gingen am Abend aus und verbaten Petra zwei Dinge. Welche? Petra darf abends nicht fernsehen. Sie darf Niemandem die Türe öffnen.	2
2) Welche Art von Buch hat Petra gelesen und wo las sie es? Sie las einen Comic auf ihrem Bett.	2
3) Nachdem Petra gelesen hat, möchte sie den Abend sinnvoll nutzen. Was ist ihrer Meinung nach „sinnvoll"? Warum wollte sie es tun? Da ihre Eltern so selten weg waren, musste sie den Abend sinnvoll nutzen. Sie war der Meinung, dass es nichts Sinnvolleres als etwas Verbotenes gäbe. Daher schaute sie fern.	3
4) Was hat sie mit zum Fernsehsessel genommen? Was hätte sie lieber gehabt? Sie nahm Chips und Orangensaft mit. Sie hätte lieber Cola gehabt.	2
5) Warum hat Petra den Film als so gruselig empfunden? Petra empfand den Film als besonders gruselig, weil die Frau im Film in der gleichen Situation war wie sie selbst. Auch sie saß in einem Fernsehsessel, aber sie wollte nicht von hinten gewürgt werden!	2
6) Nummeriere in welcher Reihenfolge die Dinge in der Geschichte geschehen. 5. Petra zieht sich die Decke über den Kopf. 3. Petra sieht einen Film an. 1. Petra zieht sich den Schlafanzug an. 2. Petra liest auf dem Bett. 6. Sie schreit und schlägt um sich. 4. Sie schreit und macht den Fernseher aus.	3
7) Was geschah gleich nachdem Petra den Fernseher ausgemacht hatte? Was tat sie? Warum machte sie das? Petra versteckte sich hinter dem Vorhang. Sie wollte zuerst den Raum überprüfen, um ganz sicher zu sein, dass sich niemand darin befand, bevor sie in ihr Zimmer rannte.	2
8) Unterstreiche die Zeilen, in welchen sie in ihrem Zimmer Angst hat, in grün! Hinter dem Fenster bewegte sich etwas! Sie traute sich kaum zu atmen. Ihre Hand umkrallte die Bettdecke, hatte sie nicht etwas gehört? Irgendetwas kratze doch da an der Haustür? Und hinter dem Fenster hatte sich etwas bewegt! Wirklich! War da nicht eine Hand? Oh, mein Gott! Sie zog ihren Kopf wieder unter die Bettdecke und horchte angestrengt in die Dunkelheit. Plötzlich hatte sie das Gefühl, dass ihre Zimmertüre aufging, zumindest hörte es sich so an. Nun konnte sie Schritte hören, da war sie sich ganz sicher und auf einmal spürte sie eine Hand! Sie schrie aus Leibeskräften und schlug um sich. Das Licht ging an und jemand zog ihre Decke weg. Sie schloss die Augen und schrie so laut sie konnte.	2

© M. Reichel, M. Mandl, München 2016/17 - Jede Vervielfältigung ohne schriftliche Zustimmung ist unzulässig.

9) Woran konnte man erkennen, dass Petra Angst hatte? Kreuze an!	4

	Sie saß im Sessel und aß Chips.
x	Petra wurde es ganz anders zumute, und sie hörte sofort auf, Chips zu essen.
	Sie warf sich in den Fernsehsessel, machte einen Schneidersitz und nahm die Fernsehbedienung in die Hand.
x	Sie versteckte sich hinter dem Vorhang.
x	Ihr Herz klopfte laut.
x	Sie traute sich kaum zu atmen und ihre Hand umkrallte die Bettdecke.

10) Wer kam in Wirklichkeit in ihr Zimmer? In Wirklichkeit kam die Mutter in das Zimmer.	1

© M. Reichel, M. Mandl, München 2016/17 - Jede Vervielfältigung ohne schriftliche Zustimmung ist unzulässig.

4.4 Lösung - Das Kamel und der Schakal

1) Wer kommt in dieser Geschichte vor? In dieser Geschichte kommen der Schakal, das Kamel, ein Hase und der Bauer vor.	4
2) Wie sind die Tiere beschrieben? Schreibe zwei Adjektive (Wie-Wörter) zu jedem Tier auf! Schakal: klein, gerissen, wasserscheu, scheinheilig Kamel: groß, gutmütig, verärgert	4
3) Unterstreiche die wörtlichen Reden! „Liebes Kamel, wenn du mich an das andere Ufer bringst, bringe ich dich dafür zu einem Zuckerrohrfeld. Dort kannst du fressen so viel du willst. " „In Ordnung", erwiderte das gutmütige Kamel, „steig auf meinen Rücken." „Warum hast du denn so laut geheult?" „Es tut mir wirklich leid, aber nach dem Essen singe ich immer!". „Ich verstehe!", antwortete das Kamel, „weißt du, wenn ich eine gute Mahlzeit hatte, wälze ich mich immer im Wasser."	5
4) Schreibe alle Begleitsätze der wörtlichen Reden auf. Da traf er ein großes Kamel, mit dem er einen Handel abschloss: ... erwiderte das gutmütige Kamel ... fragte es: Scheinheilig erwiderte der Schakal: ... antwortete das Kamel ...	5
5) Wie lautet die Kernaussage dieser Geschichte? Wie du mir, so ich dir! Oder Vergeltung für eine Hinterlist.	2
6) Erkläre, weshalb sich die Tiere unterhalten können? Bei dieser Geschichte handelt es sich um eine Fabel. In einer Fabel handeln oft Tiere, Pflanzen oder Dinge wie Menschen. Sie können sprechen, denken und handeln wie Menschen. Die Fabel will nicht nur unterhalten, meistens steckt auch eine Lehre dahinter!	2
7) Warum nimmt das Kamel ein Bad und wo tut es dies? Das Kamel nimmt ein Bad im Fluss, weil es merkt, dass der Schakal es reingelegt und ausgenutzt hat. Der Schakal war nur auf seinen Vorteil bedacht und hat sich überhaupt nicht um die Bedürfnisse des Kamels gekümmert.	2
8) Male ein passendes Bild zu dieser Geschichte! 	2

© M. Reichel, M. Mandl, München 2016/17 - Jede Vervielfältigung ohne schriftliche Zustimmung ist unzulässig.

4.5 Lösung - Piraten früher und heute

1) Wovon leitet sich das Wort „Pirat" ab und welcher Sprache entstammt es? Der Begriff „Pirat" leitet sich aus dem **griechischen** Wort **„peiratés"** ab und bedeutet **„Angreifer"**	2
2) Erläutere den Begriff: Küstenpiraterie Wir sprechen von Küstenpiraterie, wenn **Küstenorte** oder **Schiffe**, die **nahe der Küste fuhren oder ankerten, von Booten überfallen** wurden.	4
3) Welches Synonym für Pirat findest du im Text? Ein Synonym für Pirat ist **Seeräuber**.	1
4) Wer sind die Wikinger? Die Wikinger sind **skandinavische Seeräuber** (Piraten).	1
5) Was ist das typische an einem Wikingerschiff? Die Wikinger verfügten über typische Wikingerschiffe, die **niemals ausschließlich zum Segeln** ausgelegt waren, sondern immer über **Ruder** verfügten.	2
6) Wie heißt der bekannteste Pirat heutzutage? Er heißt Kapitän Jack Sparrow.	1
7) Welche Mächte zählten zu den führenden Seemächten? Die drei führenden Seemächte damals waren **England, Spanien und Portugal**.	3
8) Was ist ein Kaperbrief? Der Kaperbrief war die **Erlaubnis, im Namen des Königs, feindliche Handelsschiffe zu überfallen.**	3
9) Was ist ein Freibeuter? Freibeuter sind Seeleute, die i**m Namen des Königs/der Königin** und im **Schutz der Krone feindliche Handelsschiffe** überfallen. Sie verfügen über einen **Kaperbrief**.	4
10) Welcher Freibeuter wird im Text erwähnt und in wessen Auftrag fuhr er zur See? **Francis Drake** plündert im Namen **Elisabeth I. von England** vor allem spanische und portugiesische Handelsschiffe.	2
11) Was bedeutet „Piraterie" heute? Erläutere anhand des Textes. Heutige Piraten **sehen ganz normal aus**. Mit Pistolen und Messern kapern sie Schiffe vor allem in den Gewässern zwischen Europa, Afrika und Europa. Sie **beschlagnahmen die Ware, entführen die Besatzung** und **verlangen** dann **Lösegeld**.	4
12) Wie bekommen wir als Endverbraucher die Folgen der Piraterie zu spüren? Die **Mehrkosten** durch **Lösegeldzahlungen** oder **längere Umwege** werden letztlich **auf die Waren umgelegt** und am Ende bezahlt der **Verbraucher höhere Preise** für die Ware im Laden.	4
13) Wie versucht Deutschland Somalia im Kampf gegen die Piraten zu unterstützen? Deutschland **schickt Militärschiffe** in die **gefährdeten Gewässer**.	2

© M. Reichel, M. Mandl, München 2016/17 - Jede Vervielfältigung ohne schriftliche Zustimmung ist unzulässig.

4.6 Lösung - Die drei Brüder

1) Woraus bestand das Vermögen des Vaters? Der Vater besaß nur das Haus, in dem er wohnte.	1
2) Welchen Rat hatte der Vater für seine Söhne? „Geht in die Welt und versucht euch und lerne jeder sein Handwerk, wenn ihr dann wiederkommt, wer das beste Meisterstück macht, der soll das Haus haben."	3
3) Für welchen Beruf entschieden sich die Söhne? Der älteste wollte ein Hufschmied, der zweite ein Barbier, der dritte ein Fechtmeister werden.	3
4) Wie würdest du die Söhne beschreiben? Finde zwei geeignete Adjektive, die auf alle Brüder zutreffen. (Fleißig), tüchtig und geschickt	2
5) Für welches Meisterstück entschied sich der Vater, beschreibe es? Der Vater entschied sich für den Fechtmeister. ... und weil es anfing zu regnen, zog er seinen Degen und schwenkte ihn in Kreuzhieben über seinen Kopf, dass kein Tropfen auf ihn fiel.	4
6) Wo lebten die Brüder, die nicht das Haus erben und weshalb? Der Erbe lässt die anderen Brüder bei sich im ererbten Haus wohnen, da sie sich so lieb haben.	2
7) Ergänze die nachstehenden Sätze! Achte auf den genauen Wortlaut im Text. Der Barbier rasierte lauter vornehme Herren und meinte auch, das Haus wäre schon sein. Fürchtest du dich vor einem Hieb, so kriegst du das Haus nimmermehr.	4 2 2
8) Schreibe die fehlenden Wörter in dem Satz auf, vergleiche mit der passenden Textstelle! Darauf bestimmten sie eine feste Zeit, zu der die drei Brüder wieder nach Hause kommen wollten, und zogen fort.	2
9) Finde ein passendes Wort für folgende im Text vorkommende Wörter? Achte auf den Zusammenhang! Barbier — Friseur Hieb — Schlag gelobt — versprochen grämten — trauerten	4
10) Nenne drei allgemeine Merkmale, die erkennen lassen, dass es sich bei dieser Erzählung um ein Märchen handelt. Es war einmal ... Es wird eine Aufgabe gestellt. Die Geschichte geht gut aus und das Gute siegt.	3

© M. Reichel, M. Mandl, München 2016/17 - Jede Vervielfältigung ohne schriftliche Zustimmung ist unzulässig.

4.7 Lösung - Der schwarze Tod

1) Von welcher Stadt war im Text die Rede? Die Stadt, von der in dieser Geschichte die Rede ist, ist München.	1
2) Wie nannte man die Pest noch und warum nannte man sie so? Man nannte die Pest auch den schwarzen Tod, weil sich auf der Haut Beulen bildeten, die sich schwärzlich verfärbten.	1
3) In welchen Jahren wütete die Pest am schlimmsten? Am schlimmsten wütete die Pest in den Jahren 1634 und 1635.	1
4) Welcher Krieg war zu dieser Zeit? Zu dieser Zeit war der 30-jährige Krieg.	1
5) Warum konnte sich die Krankheit so gut ausbreiten? Nenne vier Gründe! 1. Die Stadt war dreckig und die Menschen liefen durch eine Kloake. 2. Man stach die Pestbeulen auf und infizierte sich an der Flüssigkeit, die aus den Pestbeulen kam. 3. Man fasste die Toten ohne Handschuhe an und brachte die Toten auf einer Leichenkarre vor die Stadt. 4. Ärzte behandelten zuerst Pestkranke und danach andere Menschen, ohne sich die Hände zu waschen.	4
6) Welcher Arzt versuchte erfolgreich etwas gegen das Frauensterben und wie gelang ihm dies? Ignaz Phillip Semmelweis, der 1846 in einer Wiener Geburtsklinik als Assistenzarzt arbeitete, gab sich mit der Diagnose "Kindbettfieber" nicht zufrieden. Aufgrund seiner genauen Beobachtungen, machte er die Todesursache der Wöchnerinnen aus: Sie infizierten sich während der Geburt durch die ungewaschenen Hände der Ärzte und Hebammen. Die Einführung der Handwaschung mit Chlorkalk 1847 senkte die Todesrate erheblich. Der Arzt Semmelweis wurde zum "Retter der Mütter".	2
7) Was taten die Stadt München und ihre Bewohner gegen die Pest? Nenne drei Dinge! 1. Sie durchleuchteten jeden Brief. 2. Sie versprühten Parfüm und Weihrauch, sowie Essig gegen die Erreger. 3. Man reichte den Erkrankten das Essen durch die Fenster und überließ sie im Weiteren sich selbst.	3

© M. Reichel, M. Mandl, München 2016/17 - Jede Vervielfältigung ohne schriftliche Zustimmung ist unzulässig.

8) Was half wirklich gegen die Pest und in welchem Jahr war sie überstanden? Der Winter half wirklich gegen die Pest, da die Rattenflöhe kälteempfindlich waren und starben. Im Frühjahr 1635 war die Pest überstanden.	2
9) Wer lockte die Menschen wieder aus ihren Häusern und wie versuchten sie dies? Die Schäffler lockten die Menschen mit Musik, Tanz, Pfeifen und Trommeln aus ihren Häusern.	2
10) Warum wollten die Menschen in ihren Häusern bleiben? Die Menschen verschanzten sich aus Angst vor der Pest.	1

© M. Reichel, M. Mandl, München 2016/17 - Jede Vervielfältigung ohne schriftliche Zustimmung ist unzulässig.

4.8 Lösung – Der Weihnachtsmann

1) Wo „arbeitete" der Weihnachtsmann? Er arbeitete in einem Kaufhaus.	1
2) Wie nannte er die Weihnachtszeit? Er nannte sie die ‚stade Zeit'.	1
3) Mochte der Weihnachtsmann diese Zeit des Jahres in diesem Jahr? ☐ steht nicht im Text ☐ ja ✓ nein, dieses Jahr nicht	1
4) Erkläre deine Antwort aus Frage 3. Dieses Jahr mochte er die Weihnachtszeit nicht, weil er krank war und keine Kinder beschenken konnte.	2
5) Was hatte der Weihnachtsmann? Er hatte eine schniefende Nase, raue Stimme und einen heißen Kopf.	2
6) Wer oder was wollte ihn aus dem Bett locken und kam an sein Fenster? Die Schneeflocken und die Rentiere wollten ihn aus dem Bett locken.	2
7) Die Krankheit des Weihnachtsmannes wird mit drei Adjektiven beschrieben (Wiewörter, wie ist es? Es ist <u>rot</u>.) Nenne diese! Schniefende Raue Heiß 	3
8) Welcher Besuch veränderte alles? Der Besuch der Kinder, die er all die Jahre beschenkt hatte.	1
9) Was brachte man ihm. Nenne mindestens sechs Dinge! heiße Suppe – Ingwer Zitronen – Saft Tee – Obst	3
10) Warum kamen die Kinder ihn besuchen? Sie wollten ihm von der Freude zurückgeben, die er ihnen all die Jahre gemacht hatte.	4
11) Wodurch wurde der Weihnachtsmann wieder gesund? Vom Anblick all der Kinder, die ihn besuchen kamen.	1
12) Woher wussten die Kinder, wo der Weihnachtsmann war? Sie hatten im Kaufhaus nachgefragt und der Direktor hatte es ihnen gesagt.	2
13) Kann man eine Lehre aus der Geschichte ziehen? Was denkst du? Wenn man anderen Menschen hilft und freundlich zu ihnen ist, so bekommt man es vielfach zurück.	4

© M. Reichel, M. Mandl, München 2016/17 - Jede Vervielfältigung ohne schriftliche Zustimmung ist unzulässig.

4.9 Lösung - Max der Bibliothekar

1) Zu welcher Jahreszeit spielt die Geschichte? Kreuze an! ☑ man soll sich vorstellen, es wäre Sommer ☑ keine Jahreszeit angegeben (beide Antworten sind richtig)	1
2) Wie stellt sich der Autor vor, dass du glaubst, wie Max aussehen müsste? Nenne fünf Beispiele! Der Autor glaubt, ich dächte, Max wäre ein alter Mann, dem das Frühstücksei im Bart hing und der eine verklebte Nickelbrille trug, der ein weißes, ungebügeltes Hemd an hatte und eine Weste, der ein Knopf fehlte.	5
3) Wie sieht Max in Wirklichkeit aus? Nenne auch hier fünf Eigenschaften aus der Erzählung, die den Bibliothekar näher beschreiben! • Max ist ein 10 - jähriger Junge. • Er ist der jüngste Bibliothekar der Welt. • Er trägt Bluejeans. • Er ist rank und schlank. • Er hat braune kurze Haare und blaue Augen.	5
4) Nenne drei Arten von Büchern, die Max in seiner Bibliothek hat! • Bücher über Länder • Bücher in fremden Sprachen • Bücher mit Geschichten	3
5) Wie können Geschichten sein? Schreibe vier Wiewörter auf, die der Autor verwendet! • lustig, spannend, langweilig, traurig.	2
6) Unterstreiche im Text in grün, für wen das neue Buch geeignet ist! Geschichten für Große und für Kleine, für Junge und für junggebliebene ältere Menschen.	1
7) Wo soll das neue Buch stehen? Im Turmzimmer links, dort im Regal oben rechts wäre der richtige Platz für das Büchlein.	2
8) Unterstreiche in Orange, was die Nachbarbücher tuscheln! „Na du Jungspund, was machst du denn hier, wer glaubst du denn zu sein? Für wie wichtig hältst du dich, du kleiner Aufschneider, dass du meinst, so einfach neben uns Platz nehmen zu dürfen, neben uns alt gedienten Büchern, die wir uns unseren Platz hart erarbeiten und verdienen mussten, die wir ganz unten links in diesem Regal unsere Laufbahn begannen und erst jetzt, als die vielen Leser endlich unseren Wert erkannten, in diese luftigen Höhen aufsteigen durften. Wer bist du? Erzähl uns von dir!"	2
9) Warum fällt das Buch aus dem Regal? Wer findet es und liest darin? Die anderen Bücher bedrängen das Buch. Da wird es ihm zu eng und es fällt aus dem Regal. Max findet das Buch und liest darin.	2
10) Denke dir einen passenden Schluss zu dieser Geschichte aus und schreibe ihn auf. ... die ganze Nacht darin, weil es so spannend geschrieben war und er nicht mehr aufhören konnte zu Lesen. (kürzeste Version, je länger und bemühter, desto besser)	2

© M. Reichel, M. Mandl, München 2016/17 - Jede Vervielfältigung ohne schriftliche Zustimmung ist unzulässig.

4.10 Lösung - Die Plastiki

1) Wer hatte die Idee, die „Plastiki" zu bauen, und segelte mit ihr über den Ozean? David de Rothschild hatte diese Idee.	1
2) Aus welcher berühmten Familie stammte er und was hat die Familie gemacht? Antworte ausführlich und in vollständigen Sätzen! Die Familie Rothschild zählte im 19. Jahrhundert zu den einflussreichsten Bankiers und wichtigsten Finanziers der europäischen Staaten. Noch heute ist das Bankhaus von internationaler Bedeutung. Die Familie Rothschild war zwischen 1815 und 1914 im Besitz der weltgrößten Bank.	3
3) An welchem Ort durfte sich der junge Mayer Amschel Rothschild niederlassen und warum nur dort? Der junge Rothschild durfte sich nur in der Frankfurter Judengasse niederlassen. Diese Gasse war die einzige, in der der junge Mayer Amschel Rothschild, der noch im Ghetto geboren wurde, überhaupt Eigentum - als Jude - erwerben durfte.	2
4) Welcher Beruf ist bei David de Rothschild angegeben? „Abenteurer und Ökologe" ist bei David de Rothschild als Beruf angegeben.	2
5) Unterstreiche im Text grün an was und wo er studiert hat! Als jüngstes von drei Kindern studierte er Politik und Informatik in Oxford und später noch Naturheilkunde.	1
6) Was tat David de Rothschild im Jahre 2006? Im Jahr 2006 überquerte er die Arktis von Russland nach Kanada in rund 100 Tagen, was bisher nur wenigen Menschen gelungen war.	2
7) Was zeigt dieses Bild und was ist das Besondere an diesem Boot? Antworte ausführlich und unterstreiche alle Sätze im Text gelb, die das Boot näher beschreiben. Das Bild zeigt die Plastiki und ihre Reiseroute. Das Boot besteht nur aus recycelbaren Materialien, vor allem aus Pet Flaschen. • „Nach drei Jahren Vorbereitung ist der aus rund 12 500 Plastikflaschen bestehende Katamaran mit dem Namen Plastiki in See gestochen. • Die Plastiki, die vollständig aus Recycling Material besteht, welches mit Leim aus Zucker und Cashewnüssen zusammengehalten wurde, wird mit Solar, Windenergie und Fahrrädern angetrieben. • Der Mast besteht aus einem recycelten Bewässerungsrohr, das Segel ist aus recycelten PET-Kleidern.	4
8) Woher bekam die Mannschaft ihr Gemüse? Gemüse bekam die Mannschaft aus ihrem Bootsgarten.	1

© M. Reichel, M. Mandl, München 2016/17 - Jede Vervielfältigung ohne schriftliche Zustimmung ist unzulässig.

9) Unterstreiche im Text die Orte in orange, die die Plastiki ansteuerte! Erkläre warum gerade diese Orte angesteuert wurden! Sie besuchten Orte, die durch den Menschen beschädigt worden waren. Auf dieser Reise besuchte die Crew verschiedene Orte, die durch Menschen beeinträchtigt wurden. Ihre Route führte über die riesige Plastikinsel im Nordpazifik, auch Eastern Garbage Patch genannt; diese umfasst ein Areal, das sechsmal so groß ist wie Großbritannien und Nordirland zusammen - aufgrund von starken Meeresströmungen sammeln sich dort Unmengen von Abfällen an; das Bikini-Atoll, um die nukleare Verseuchung durch US-amerikanische Atombombentests anzuprangern; die sinkende Insel Tuvalu, um auf den Klimawandel aufmerksam zu machen.	2
10) **a) Wo sammelt sich das Plastik im Meer? Wie nennt man diesen Ort?** Das Plastik sammelt sich im Nordpazifik. **b) Wie groß ist dieser Ort?** Es umfasst ein Areal, das sechsmal so groß ist wie Großbritannien und Nordirland zusammen. **c) Für wie viele Jahre hängt das Plastik in dem Strudel fest?** Das Plastik bleibt bis zu 16 Jahre im Strudel.	3
11) Ergänze den Satz! Während die Plastiki **3120 Stunden** unterwegs war, wurden **7.800.000.000 (7 Milliarden 800 Millionen) Flaschen** in den USA verbraucht.	2
12) Unterstreiche im Text in hellblau, was mit der Plastiki nach der Reise eigentlich geschehen sollte, und wozu man sich dann entschied. Eigentlich sollte das Flaschenschiff am Ende seiner Reise recycelt werden, nun aber soll es als leuchtendes Beispiel für sinnvolle Abfallverwertung dienen.	1

© M. Reichel, M. Mandl, München 2016/17 - Jede Vervielfältigung ohne schriftliche Zustimmung ist unzulässig.

4.11 Lösung - Das Wunder am Prater

1) Wo entsteht das neue Kraftwerk? Benenne die Stadt, und die genaue Lage? Das neue Kraftwerk wird in München gebaut unter der Praterinsel.	2
2) Um welche Art von Kraftwerk handelt es sich? Es handelt sich um ein Wasserkraftwerk.	1
3) Wie tief liegt es und unter was? Es liegt 6 Meter tief unter dem Isarflussbett. Das Wasser fällt bis zu neun Meter tief.	2
4) Wie nennt man das Herzstück eines solchen Kraftwerkes? Das Herzstück ist die Turbine.	1
5) Auf welches Problem stießen die Ingenieure und woher kam es? Was wurde hier früher gebaut? Hatte heute noch jemand daran gedacht? Das Problem waren massive **Eichenholzstämme**, auf welche die Ingenieure beim Ausheben der Grube stießen. In früheren Jahrhunderten wurde damit ein Kanal gebaut, der das königliche Brennholz transportierte, welches von der Isar in die Residenz gebracht werden musste. Nachdem dieser Weg irgendwann überflüssig geworden war, hatte man ihn mehrfach überbaut und schlussendlich einfach vergessen.	4
6) Welches andere Problem hatten die Ingenieure noch? Sie stießen auf einen großen Fels.	1
7) Wann etwa wurden die letzten Stromkraftwerke in und um München gebaut? Die letzten großen Stromkraftwerke in München und Umgebung wurden im späten 19. bzw. frühen 20. Jahrhundert gebaut.	1
8) Wie nennt man den Kanal, den man gebaut hat, um das Wasser zu entnehmen, welches dann in den Stollen geleitet wird? Man nennt diesen Kanal Ausleitkanal.	1
9) Wie erzeugen wir im Allgemeinen Strom? Lies genau nach! Die Turbine dreht sich durch das Wasser und treibt dadurch einen Generator an, der aus der entstehenden Energie Strom erzeugt.	2
10) Wie lautet der Fachbegriff dafür, wie man die Fische mit einem sehr feinen Gitter davor schützt, in die Turbine zu gelangen und sie am Ausleitkanal vorbeiführt? Der Fachbegriff heißt: konstruktive Fischabweisung.	1
11) Gibt es in der Isar Haie? Schreibe mindestens drei andere Fischarten auf die in der Isar heimisch sind! Nein es gibt keine Haie. Aber Huchen und Wels, Forellen und Barsche, sowie Koppe, Hecht, Nerfling, Rotauge, Rotfeder, Rutte, Schleie, Barbe und Zander kommen in der Isar vor.	2
12) Wie will man das Wasser vor Verschmutzung schützen? Um jegliche Beeinträchtigung oder Verschmutzung gänzlich zu verhindern, werden spezielle biologisch abbaubare und nicht wassergefährdende Schmierstoffe in den Maschinen verwendet.	2

© M. Reichel, M. Mandl, München 2016/17 - Jede Vervielfältigung ohne schriftliche Zustimmung ist unzulässig.

4.12 Lösung - Die Draisine oder unser Fahrrad

1) Wer kannte schon sehr früh ein Fahrzeug mit zwei Rädern? Antworte immer in ganzen Sätzen. Die Ägypter hatten eine Art „Ein-Mann-Fahrzeug mit zwei Rädern", die durch die Füße des Fahrers in Bewegung gesetzt wurden.	1
2) Wie nennt man das Rad in der Schweiz und woher kommt der Name? In der Schweiz nennt man das Fahrrad „Velo" und es kommt vom französischen *vélocipède* = „Schnellfuß"; lateinisch *velox* = schnell und *pes* = Fuß).	2
3) Wer hat sich als erstes ein dreirädriges Gefährt gebaut und warum? Stephan Farfler hat sich als erster ein dreirädriges Gefährt gebaut, weil er querschnittsgelähmt war.	2
4) Ergänze den folgenden Satz. Der Aristokrat Karl Christian Ludwig Drais von **Sauerbronn** hat diese Draisine im Jahre **1817** in **England** erbaut.	3
5) Warum dachte Karl Drais, dass sich sein Fahrrad sehr gut verkaufen lassen würde? Er dachte, dass die Leute lieber ein Fahrrad benutzen würden, da das Pferd im Unterhalt teurer wäre als ein Fahrrad.	2
6) Weshalb hat er doch nicht viele Räder verkauft? Er verkaufte nicht viele, weil es viel zu teuer war.	1
7) Schreibe den Spitznamen auf, den das Rad von Karl von Drais hatte. Der Spitzname war Dandypferd.	1
8) Kreuze richtig an! ☑ Hochrad.	1
9) Wo hatte das Niederrad seine Tretkurbel? ☑ am Rückrad.	1
10) Wo genau waren die Pedale an der Draisine? ☑ es gab keine Pedale.	1
11) Warum nannte man die Draisine auch „Aristokratenspielzeug"? Unterstreiche den Satz, indem das Wort „Aristokratenspielzeug" steht. Man nannte es Aristokratenspielzeug, weil es sich nur die Adeligen und Reichen leisten konnten. Schließlich war es aber in der Herstellung noch zu teuer. Es entwickelte sich eher zum Aristokratenspielzeug als zu einem Fortbewegungsmittel für die Allgemeinheit.	2
12) Was veränderte der Mechaniker Fischer an dem Fahrrad? Der Mechaniker P.M. Fischer verankerte am Vorderrad eine Drehkurbel und so kamen die Pedale hinzu. 	1

© M. Reichel, M. Mandl, München 2016/17 - Jede Vervielfältigung ohne schriftliche Zustimmung ist unzulässig.

13) Was bedeutet das Wort „thronte", kreuze richtig an! 1

☑ hoch erhaben sitzen.

14) Schreibe zu jedem Bild, wie das jeweilige Gefährt heißt. 3

Draisine 

Hochrad:  Niederrad 

15) Wer erfand den Luftreifen? 1

Der Schotte P. Dunlop erfand den Luftreifen.

16) Finde im Text andere Wörter für: 3

Gefährt	**Fortbewegungsmittel, Fahrrad**
Pedal	**Tretkurbel, Drehkurbel**
Adeliger	**Aristokrat**

© M. Reichel, M. Mandl, München 2016/17 - Jede Vervielfältigung ohne schriftliche Zustimmung ist unzulässig.

4.13 Lösung - Das Mädchen, dem es immer kalt war

1) Was weißt du über das Mädchen, von dem der Text handelt? Nenne drei Dinge, die du erfährst. Es ist sehr reich, aber es ist ihm immer kalt. Es hat keine Geschwister. Das Mädchen geht nicht zur Schule, sondern hat zu Hause Unterricht.	3
2) Was macht die Mutter, damit es dem Kind nicht kalt ist? Nenne drei Dinge, die sie tut. Die Mutter ließ ihm besondere Unterwäsche aus warmem Kaschmir anfertigen. Die Mutter war dauernd damit beschäftigt, wärmere Kleidung für das Kind zu bekommen. Die Lehrer kamen nach Hause, wo der Unterricht direkt vor dem flackernden Kaminfeuer stattfand.	3
3) Was sagt der Arzt, was dem Kind fehlt? Wo schickt der Arzt das Kind hin, um mit der Mutter zu sprechen? Der Arzt sagt, dass dem Kind nichts fehlt. Der Arzt schickt das Kind auf den Markt, um mit der Mutter zu sprechen.	2
4) Als das Mädchen zurückkommt, macht der Arzt etwas Besonderes für das Mädchen. Was? Warum ist es besonders? Der Arzt fragt das Kind, was es erlebt habe und lässt es erzählen. Normalerweise erlebt das Kind nichts und kann nichts erzählen.	2
5) Das Kind trifft auf dem Markt ein Mädchen, das es nach Essen fragt. Wie reagiert es? Das Mädchen reagiert sehr unfreundlich und sagt, das Kind solle seine Eltern oder Angestellten um etwas zu Essen bitten.	1
6) Warum können die Eltern nicht für das Kind kochen? Weil die Eltern tot sind können sie nicht mehr kochen.	1
7) Das Kind sah der kleinen Prinzessin tief in die Augen. Was passiert dann? Wie kam sie beim Arzt an? Unterstreiche im Text. Dieser wurde noch kälter als sonst und sie machte sich schnell auf den Weg. Sie wanderte von Stand zu Stand und sah sich die vielen Waren an. Es gab überall leckeres Brot, geräuchertes Fleisch, frischen Käse, viel Obst und Gemüse. Während sie all die Köstlichkeiten betrachtete, wurde es ihr immer kälter und kälter. So rannte sie schnell zum Arzt zurück, vorbei an dem Kind, und obwohl sie rannte, wurde es ihr noch kälter. Zitternd vor Kälte kam sie beim Arzt an.	2

© M. Reichel, M. Mandl, München 2016/17 - Jede Vervielfältigung ohne schriftliche Zustimmung ist unzulässig.

8) Was fragt der Arzt das Mädchen? "Warum hast du dem armen Mädchen nichts gegeben?"	1
9) Unterstreiche im Text, was die Mutter darauf zum Arzt sagt, und wie er antwortet. „Soll es doch in ein Waisenhaus gehen! Dafür sind diese doch da!", fuhr die Mutter den Arzt an. Der Arzt hingegen antwortete: „Vielleicht wäre es eine schöne Erfahrung, dem Kind etwas zu schenken. Ich bin mir sicher, ihrer Tochter würde es ganz warm ums Herz."	1
10) Wie ist die Reaktion der Mutter? Nenne zwei Adjektive, die ihr Verhalten in der Antwort an den Arzt beschreiben. Kaltherzig Gemein Verständnislos	2
11) Der Arzt empfiehlt der Mutter etwas. Was machen Mutter und Tochter daraufhin? Wie reagiert das Mädchen? Mutter und Tochter kaufen für das Waisenmädchen zu Essen und zu Trinken ein. Das Kind hat große Freude dabei.	2
12) Warum weint die Mutter? Weil sie das Lachen ihrer Tochter so lange nicht mehr gehört hat.	1
13) Wie endet die Geschichte? Das Waisenmädchen und ihr Bruder dürfen bei der Familie leben und alle sind glücklich.	1
14) Was denkst du möchte dir die Geschichte sagen? Ich glaube, die Geschichte möchte mir sagen, dass man glücklicher ist, wenn man nicht nur nimmt, sondern auch gibt. Wer anderen Menschen nie eine Freude bereitet, ist oft selbst nicht glücklich.	2

© M. Reichel, M. Mandl, München 2016/17 - Jede Vervielfältigung ohne schriftliche Zustimmung ist unzulässig.

4.14 Lösung – Warum Schlaf so wichtig für mich ist

1) Welche Diskussion entsteht jeden Abend? Die Diskussion darüber, wann Lena ins Bett muss.	1
2) Aus welchem Grund ist dies ein Diskussionspunkt? Lena möchte nicht ins Bett gehen, sondern gerne länger aufbleiben.	1
3) Was würde Lena tun, wenn sie länger aufbleiben dürfte? Lena würde gerne noch etwas länger aufbleiben, vielleicht etwas fernsehen, wenn's sein muss auch ein Buch lesen, oder aber mit ihrer Freundin telefonieren.	2
4) Welches Hormon erwähnt die Mutter, was sie wichtig für Lena findet? Was hat dieses Hormon mit Schlaf zu tun? Die Mutter erwähnt das Wachstumshormon, das im Schlaf gebildet wird und in Lenas Alter wichtig ist, da sie in der Wachstumsphase ist.	3
5) Wie viele Stunden muss ein Baby länger schlafen als ein 15-jähriger Teenager? Das Baby braucht elf Stunden mehr Schlaf als der Teenager. (20 - 9 = 11)	2
6) Nach welcher Phase kommen wir in die Traumphase und wie viele Traumphasen haben wir in einer Nacht? Nach der Tiefschlafphase kommen wir in die Traumphase. In einer Nacht hast du bis zu acht Traumphasen.	2
7) Wann muss Lena ins Bett? Nimm an, sie ist zehn Jahre alt. Von wann bis wann sollte sie schlafen, damit sie genug Schlaf bekommt? Lena muss um 20.00 Uhr ins Bett. Mit zehn Jahren benötigt sie zehn Stunden Schlaf. Wenn sie um 20.00 Uhr ins Bett geht, sollte sie bis 6 Uhr morgens schlafen.	3
8) Wie viele Stunden sollte denn ihre Mutter schlafen? Sie muss um 6 Uhr morgens aufstehen. Wann sollte sie dann spätestens ins Bett gehen? Erwachsene sollten acht Stunden pro Nacht schlafen. Wenn ihre Mutter um 6.00 Uhr morgens aufstehen muss, sollte sie um 22.00 Uhr ins Bett gehen.	3
9) Warum benötigen Babys viel mehr Schlaf als Erwachsene, obwohl Erwachsene arbeiten und viele Dinge tun, aber Babys eigentlich nur liegen und sich noch nicht einmal viel bewegen? Das Gehirn erholt sich im Schlaf. Besonders Babys machen am Tag viele Erfahrungen und erleben alle möglichen Dinge, die sie vorher noch nie gesehen haben. Daher benötigen sie auch besonders viel Schlaf, denn sie müssen die Eindrücke des Tages verarbeiten und sich erholen.	3

© M. Reichel, M. Mandl, München 2016/17 - Jede Vervielfältigung ohne schriftliche Zustimmung ist unzulässig.

4.15 Lösung - Der Ritt kommt früher, als es Ignaz lieb ist

1) Wer geht zur Wiese und was wollen sie tun? Der Chemiker und sein Laborant Ignaz gehen zur Wiese, um sich ein Pferd „auszuleihen".	2
2) Welches Pferd möchte Ignaz am liebsten haben? Ignaz möchte das Pferd, auf dem schon mal jemand länger als eine Minute saß.	1
3) Welche anderen Wörter werden im Text auch für Pferd verwendet? Finde alle, unterstreiche sie grün und schreibe vier auf! Zossen; Tier; gutmütiger Teufel; schwarzer Teufel; Pferdchen; Stute; nette Wesen; zu großes Tier; Gaul; dunkles, großes Tier. 4 Punkte für alle aufgeschriebenen Wörter, 0,5 für jeden unterstrichenen Begriff.	9
4) Beschreibe, wie Livinius Ignaz das Reiten erklärt! Einen Strick rechts, einen links und dann ziehst du einfach an der entsprechenden Seite und bestimmst die Richtung. Reiten ist so einfach!	2
5) Welchen Tipp gibt Livinius Ignaz noch ganz am Schluss zum Reiten? Was soll Ignaz im Galopp tun? Unterstreiche den entsprechenden Satz in gelb! „Ich habe mal gelesen, immer nach hinten lehnen im Galopp".	2
6) Kennt sich Livinius mit Pferden aus und ist er mutiger als Ignaz? Was denkst du? Antworte in ganzen Sätzen. Livinius kennt sich weder besser aus, noch ist er mutiger als Ignaz. Er tut nur so.	1
7) Wie holt man nach Livinius' Ansicht ein Pferd von der Koppel? Unterstreiche die entsprechenden Sätze in hellblau! „Du redest doch auch immer mit deiner Ratte, warum dann nicht mit einem Pferd? Wir erklären dem schwarzen Teufel höflich unser Vorhaben und dann wird er schon alles richtig machen."	2
8) Was macht das Pferd, als die beiden auf es zugehen und was tut Livinius, damit es kommt? Jeden Schritt, den die beiden vorwärts machen, macht das Pferd rückwärts. Es kommt erst, als Livinius in seiner Tasche kramt und ihm ein Stück Zucker reicht.	2
9) Wohin soll Ignaz reiten? Ignaz soll zur Hexe reiten.	1
10) Suche den folgenden Satz im Text. Unterstreiche ihn mit Füller und ergänze die Lücken! „Ich führe dir jetzt nicht das **Pferd** zur **Hex**, dann hätte ich ja gleich **selbst** gehen können. Stell dich nicht an und red' nicht **soviel**!"	2
11) Pferde können auf verschiedene Arten „gehen". Man nennt diese Arten Gangarten. Es wird aber nur von einer Gangart in dem Text gesprochen. Welcher? ✎ Der Galopp wird erwähnt. 	1

© M. Reichel, M. Mandl, München 2016/17 - Jede Vervielfältigung ohne schriftliche Zustimmung ist unzulässig.

4.16 Lösung - Leseprobe Rowling

1) Wann und in welchem Land wurde J.K. Rowling geboren? J.K. Rowling wurde am 31. Juli 1965 in England geboren.	2
2) Warum wollte der Verlag das Buch nicht mit Ihrem Vornamen veröffentlichen? Der Verlag hatte Angst das Jungen das Buch nicht lesen würden, wenn es von einer Frau geschrieben wurde.	1
3) Wie heißt die Hauptfigur ihrer Romane und wie viele Bände gibt es davon? Die Hauptfigur heißt Harry Potter und es gibt sieben Bände.	2
4) Welche Figur in Harry Potter entspricht dem Bild, das J.K. Rowling von sich selbst als Kind hatte? Die spätere Romanfigur Hermine Granger entspricht dem Bild, das sie damals von sich selbst hatte, sowohl äußerlich als auch charakterlich.	1
5) Welche zwei Begabungen hatte sie als Kind? Begabung zum Lehren und Belehren.	2
6) Welches Fach mochte sie und welches nicht? Sie mochte Sprachen. Mathematik mochte sie nicht.	1
7) Was studierte sie? Nach ihrem Schulabschluss 1983 studierte sie Französisch und Klassische Altertumswissenschaft an der University of Exeter.	1
8) Wie hieß das Café in dem sie Harry Potter zu schreiben begann und wo hatte sie die Idee zu Harry Potter? Die Idee zu Harry Potter kam ihr auf einer Zugfahrt. Das Buch schrieb sie größtenteils in einem Café namens „The Elefant House"	2
9) Welche Startauflage hatte „Harry Potter und der Stein der Weisen"? Das Buch hatte eine Startauflage von 500 Exemplaren.	1
10) Welcher Band hatte eine Startauflage von einer Million in England? Der im Jahr 2000 verlegte vierte Band „Harry Potter und der Feuerkelch" erschien in einer Rekord-Erstauflage von einer Million in Großbritannien.	1

© M. Reichel, M. Mandl, München 2016/17 - Jede Vervielfältigung ohne schriftliche Zustimmung ist unzulässig.

11) Wie heißt der letzte Band der Harry Potter Serie und wann beendete sie diesen? Am 11. Januar 2007 beendete Rowling die Arbeit am siebten und letzten Band der Erfolgsreihe - „Harry Potter und die Heiligtümer des Todes."	2
12) Was würdest du für andere tun, wenn du so viel Geld hättest? Ideensammlung: → hier gibt es natürlich sehr viele Möglichkeiten • An arme Menschen spenden. • Einer Freundin / einem Freund eine Reise schenken. • Tiere retten. • Etwas für die Umwelt tun. • Ein Tierheim einrichten. • Für eine Schule in einem armen Land spenden. • Meinen Eltern einen Wunsch erfüllen. • Jeden Tag einem anderen Bettler Geld geben.	4
13) Erkläre folgende Begriffe aus dem Text in deinen Worten: Sie bezeichnete sich selbst als intelligentes Mauerblümchen mit Begabung zum Lehren und **Belehren**. **Belehren:** Jemanden sagen, wie etwas geht. Jemanden etwas erklären. Als **alleinerziehende** Mutter eines Kleinkindes lebte sie damals von Sozialhilfe... alleinerziehend: wenn nur ein Elternteil - die Mutter oder der Vater, sich um das Kind kümmert und es erzieht. Die erste Auflage erschien unter dem gekürzten Namen J.K. Rowling, da man **Bedenken** hatte... **Bedenken:** wenn man Zweifel hat. Wir alle können gespannt sein auf ihr nächstes Buch, das **zeitgleich** auf der ganzen Welt erscheinen wird. **Zeitgleich:** wenn es auf der ganzen Welt zum selben Zeitpunkt erscheint.	4

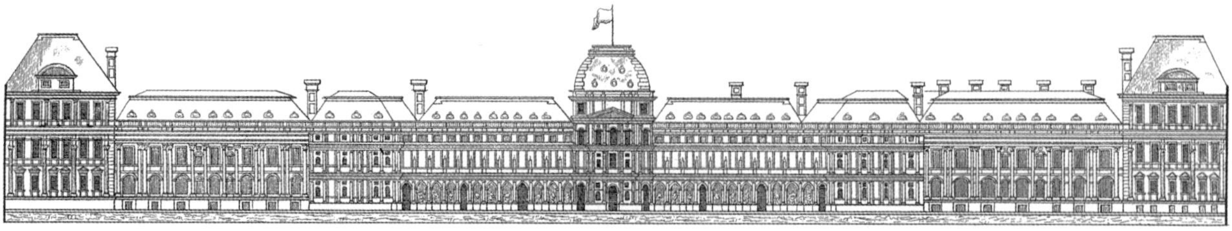

© M. Reichel, M. Mandl, München 2016/17 - Jede Vervielfältigung ohne schriftliche Zustimmung ist unzulässig.

4.17 Lösung - Leseprobe die Mönchsrobbe

1) Woher hat die Mönchsrobbe ihren Namen? Sie trägt ihren Namen, da ihr Fell an ein Mönchskostüm erinnert.	1
2) Welche Arten von Mönchsrobben gibt es? Es gibt drei verschiedene Arten von Mönchsrobben: die Mittelmeer - Mönchsrobbe, die Karibische - Mönchsrobbe und die Hawaii - Mönchsrobbe.	3
3) Welche Mönchsrobbenart gilt bereits ausgestorben? Warum? Die karibische - Mönchsrobbe gilt bereits als ausgestorben, da man zuletzt 1952 eine solche Robbe gesehen hat.	1
4) Wie viele Robben sind in Mauretanien und Westsahara nachgewiesen? In Mauretanien und der Westsahara sind 100 - 150 Robben nachgewiesen.	1
5) Wie viele Robben leben schätzungsweise noch in Griechenland? In Griechenland leben noch, so schätzt man 200 - 250 Robben.	1
6) Nenne drei Gründe, weshalb die Robben aussterben! • Durch die Überfischung gibt es zu wenig Nahrung im Meer. • Haie und andere Jäger wie der Mensch töten die Tiere. • Umweltverschmutzung (z. B. Plastik, Algenpest) bringt Tod und Verletzung.	3
7) Wie lange ist die Tragezeit bei Robben und wie viele kg verliert die Mutter durch das Säugen des Jungen? Robben tragen neun Monate und die Mönchsrobbe verliert bis zu 90 kg während sie ihr Junges säugt.	2
8) Was zeigt die Tabelle am Ende des Textes? Die Tabelle zeigt den Bestand der Robben in den unterschiedlichen Gebieten.	1
9) In welchem Kontinent liegt Mauretanien? Mauretanien liegt in Afrika (Nordwestafrika).	1
10) Zu welcher Klasse und welcher Familie gehört die Mönchsrobbe? Die Mönchsrobbe gehört zur Klasse der Säugetiere und zur Familie der Hundsrobbe.	2
11) Ist die Mönchsrobbe näher mit dem Wal oder mit der Katze verwandt? Begründe! Die Mönchsrobbe ist näher mit der Katze verwandt, da sie ein Raubtier ist.	2

© M. Reichel, M. Mandl, München 2016/17 - Jede Vervielfältigung ohne schriftliche Zustimmung ist unzulässig.

4.18 Lösung - Leseprobe - Asbest

1) Wie hieß die eiserne Regel der Schmidheinys und was verstehst du darunter? Jeder, ob Sohn oder nicht, musste das Unternehmen von unten her kennen lernen. Das bedeutet, dass jeder der in der Firma arbeiten wollte, jeden Job in dem Unternehmen ausführen musste. Er musste beim Leichtesten beginnen, um dann aufsteigen zu können. Alle Familienmitglieder arbeiteten auch in den Asbestminen.	2
2) Nenne fünf Produkte, in welchen Asbest verarbeitet wurde! Dächer Bremsen von Autos Hausfassaden Blumenkisten Regenrinnen	5
3) Wer erfand wann Asbest bzw. ließ sich die Verwendung von Asbestfasern in Baumaterialien wie Zement patentieren? Wann war das? Dem Tüftler <u>Ludwig Hatschek</u>, Sohn eines österreichischen Bierbrauers, wird die Erfindung von Eternit, einer Mischung aus Asbest und Zement, zugeschrieben. <u>1900</u> wird es zum Patent angemeldet.	2
4) Welche asbestbedingten Krebsarten kennt man? Nenne mindestens zwei! Neben dem Mesotheliom, also dem Lungenkrebs, sind mittlerweile auch der Krebs des Rippenfells und der Gebärmutterkrebs als Folge von Asbest wissenschaftlich erwiesen.	2
5) Wie viele Menschen sterben jährlich an den Folgen von Asbest laut der Weltgesundheitsorganisation? Wovon wird künftig ausgegangen? Die WHO schätzt, dass jährlich 100.000 Menschen an den Folgen von Asbest sterben und künftig jeder 100. Europäer daran sterben wird.	2
6) Was ist Asbest? Asbest ist eine mineralische Naturfaser.	1
7) Welches Familienmitglied machte alles zu Gold, was er in die Hand nahm, und an wen verkaufte er während des 2. Weltkrieges? Max Schmidheiny machte alles, was er in die Hand nahm, zu Gold und verkaufte im 2. Weltkrieg sowohl an die Alliierten als auch an die Nationalsozialisten (Nazis).	2
8) Wann übernahm er das Unternehmen? Er übernahm das Unternehmen mit 25 Jahren.	1
9) Wie viele Mitarbeiter hatte das Unternehmen weltweit? Das Unternehmen hatte 20.000 Mitarbeiter.	1
10) Wer suchte öffentlich den Weg aus dem Asbest? Stephan Schmidheiny suchte den Weg aus dem Asbest.	1

© M. Reichel, M. Mandl, München 2016/17 - Jede Vervielfältigung ohne schriftliche Zustimmung ist unzulässig.

5 Notenschlüssel

Hier findest du verschiedene Notenschlüssel. Suche die Punktzahl, die der Gesamtpunktzahl in deiner Übungsprobe gleicht bzw. am nächsten kommt. Schau dann, in welchen Punktebereich deine erreichte Punktzahl fällt, darunter findest du dann deine erzielte Note.

	Note erreichte Punkte					
Punkte gesamt	**1**	**2**	**3**	**4**	**5**	**6**
16	16 - 15	14 - 13	12 - 11	10 - 9	8 - 6	5 - 0
18	18 - 17	16 - 15	14 - 13	12 - 10	9 - 7	6 - 0
20	20 - 18	17 - 15,5	15 - 13	12 - 10,5	10 - 8	7 - 0
21	21 - 20	19 - 17,5	17 – 15	14 - 11	10,5 - 8	7 - 0
22	22 - 20	19 - 18	17 – 15	14,5 - 11,5	11 - 8	7 - 0
23	23 - 21	20 - 18,5	18 - 15,5	15 - 12,5	12 - 8,5	8 - 0
24	24 - 22	21 - 19	18 - 16	15 - 12,5	12 – 8,5	8 - 0
25	25 - 23	22 - 20	19 - 16,5	16 - 13	12 – 8,5	8 - 0
26	26 - 24	23 - 22	21 - 18	17 -13,5	13 - 10,5	10 - 0
28	28 - 26	25 - 23	22 - 19	18 - 15	14 – 10,5	10 - 0
30	30 - 27	26 - 23,5	23 - 19,5	19 - 15,5	15 - 11	10 - 0
32	32 - 29	28 - 25	24 - 21	20 - 16,5	16 - 11	10 - 0
33	33 - 30	29 - 26,5	26 - 22,	21 - 17,5	17 - 12	11 - 0
34	34 – 31	30 - 27	26 - 23	22 - 18	17 - 12	11 - 0
36	36 - 33	32 - 29	28 - 24,5	24 - 18,5	18 - 12	11 - 0
38	38 - 35,5	35 - 31	30 - 25,5	25 - 20	19 - 14	13 - 0
40	40 - 36	35 -31,5	31 - 26,5	26 - 20,5	20 - 15	14 - 0
42	42 - 38	37 -33	32 - 28	27 - 22	21 - 15	14 - 0
46	46 - 42	41 - 36,5	36 - 31	29 - 23,5	23 – 18	17 - 0
48	48 - 43,5	43 - 38	37 - 32	31 – 25	24 - 18	17 - 0
49	49 - 45	44 - 39	38 - 33	32 - 26	25 - 18	17 - 0
50	50 - 45,5	44 - 39,5	39 - 34	33 - 26	25 - 18	17 - 0
51	51 - 45	44 - 39	38 - 33	32 - 26	25 - 18	17 - 0
52	52 - 47	46 - 41	40 – 35	34 -27	26 - 19	18 - 0
54	54 - 49	47 - 41,5	41 - 35	34 - 28	27 - 19	18 - 0
56	56 - 51	50 - 44	43 - 37	36 - 29	28 - 20	19 - 0
58	58 - 52	51 - 45	44 - 38	37 - 30	29 - 20	19 - 0
60	60 – 54	53 – 47	46 – 39	38 – 31	30 – 23	22 – 0
64	64 – 58	57 - 50	49 – 42	41 - 33	32 - 22	21 - 0
65	65 – 59	58 - 51	50 – 43	42 - 34	33 - 23	22 - 0
66	66 – 59	58 - 51	50 – 43	42 - 34	33 - 24	23 - 0
67	67 – 60	59 - 52	51 – 44	43 - 35	34 - 25	24 - 0
68	68 – 61	60 - 53	52 – 44	43 - 35	34 - 25	24 - 0
70	70 – 63	62 – 55	54 – 46	45 – 36	35 – 25	24 – 0

© M. Reichel, M. Mandl, München 2016/17 - Jede Vervielfältigung ohne schriftliche Zustimmung ist unzulässig.

6 Quellenverzeichnis

www.bvl-legasthenie.de
www.wikipedia.de
www.wikipedia.org/wiki/Schwarzer_Tod
http://home.arcor.de/klaus-koniarek/pest/pest-frames.htm
http://www.onmeda.de/lexika/persoenlichkeiten/semmelweis.html
http://www.mediport-online.de/queries/infos/query.php3?zn=1674
http://www.greenpeace.de/themen/meere/kampagnen/sos_weltmeer/tour/artikel/muell_im_meer/
http://de.wikipedia.org/wiki/Albatrosse
http://www.tagesspiegel.de/weltspiegel/ein-meer-von-muell/1529200.html
"Plastic Debris in the World's Oceans" (Greenpeace)
Bilder mit freundlicher Genehmigung von Charlott Bufton von the plastiki.com
www.adventureecology.com
www.wikipedia.com
www.theplastiki.com
Süddeutsche Zeitung vom 27.07.2010
www.focus.de
www.segelnews.de
Bilderbenutzung mit freundlicher Genehmigung der „Green City Energy GmbH"
www.praterkraftwerk.de
Süddeutsche Zeitung München vom 18. Juni 2010
wikipedia.org/wiki/Isar#Fauna_und_Flora
www.praterkraftwerk.de/praterkraftwerk_web.pdf
www.merkur-online.de/lokales/nachrichten/prater-kraftwerk-oeko-strom-isar-808840.html
http://www.faz.net/s/Rub0E9EEF84AC1E4A389A8DC6C23161FE44/Doc~E8FA9AFBC4F374161B58FD3D56F150E88~ATpl~Ecommon~Scontent.html
The Draisine, Institute and Museum of history
Wikipedia "Draisine"
Brockhaus
www.bikefit.com
www.jkrowling.com
www.biography.com
www.tagesanzeiger.ch/wirtschaft/unternehmen-und-konjunktur/Familie-Schmidheiny-leidet-an-den-Asbestfolgen/story/23451875
www.greenpeace-magazin.de
http://www.reddit.com/r/oceans/comments/1xit2b/great_pacific_garbage_patch_expedition_july_2014/

© M. Reichel, M. Mandl, München 2016/17 - Jede Vervielfältigung ohne schriftliche Zustimmung ist unzulässig.